Beck'sche Reihe

BsR 1091

C U 4 X S! Mit diesem „Slogan" wirbt die ehrwürdige Deutsche Bahn in halbseitigen Anzeigen um Kunden „bis 22" – und zeigt allen älteren Zeitschriftenlesern ganz nebenbei, wie unverständlich ihnen die Jugend der 90er geworden ist. *C U 4 X S,* HipHop, Jump'n Run, Techno – „ab 22" versteht man hier bloß noch Bahnhof statt Bahncard.

Doch nicht nur beim Anzeigenstudium tun sich Abgründe auf, Abgründe zwischen Alt und Jung: Braucht man zum *stage-divin* nun einen Neopren-Anzug, oder reicht die Taucherbrille? Ist *Indies,* bitte schön, ein Kosewort für Inder oder für Indianer? Hat *toasting* mehr mit Sekt oder mit Weißbrot zu tun? Fragen über Fragen ...

Klaus Janke und Stefan Niehues – beide bestens vertraut mit den jungen Szenen der 90er Jahre – geben in diesem Buch die Antworten. Sie erklären alle einschlägigen Worte und Werte, Symbole, Leitbilder und Mechanismen der Jugendkultur, und sie räumen mit sämtlichen Mißverständnissen auf: Nein, ein *Rave* dauert eben doch erheblich länger als ein *Shave,* ein *Sample* ist nicht unbedingt simpel und ein *Hype* schon gar nicht *hip.*

Klaus Janke, Jahrgang 1964, und *Stefan Niehues,* Jahrgang 1961, arbeiteten von 1989 bis 1993 als Redakteure für die Zeitschrift „Prinz" in Bochum, wo sie sich mit allen Facetten der jungen Szenen beschäftigten. Mitte 1993 gründeten sie in Essen das Niehues + Janke Medienbüro, das sich auf Jugendkultur spezialisiert hat und sowohl publizistisch tätig ist als auch Unternehmen über junge Zielgruppen berät.

KLAUS JANKE / STEFAN NIEHUES

Echt abgedreht

Die Jugend der 90er Jahre

VERLAG C.H. BECK

Mit 20 Abbildungen

Die Deutsche Bibliothek – CIP-Einheitsaufnahme

Janke, Klaus:
Echt abgedreht : die Jugend der 90er Jahre / Klaus Janke/Stefan
Niehues. – Orig.-Ausg., 4., aktualisierte Aufl. – München :
Beck, 1996
(Beck'sche Reihe ; 1091)
ISBN 3 406 37481 6
NE: Niehues, Stefan:; GT

Originalausgabe
ISBN 3 406 37481 6

Vierte, aktualisierte Auflage. 1996
Umschlagentwurf: Uwe Göbel, München
Umschlagabbildung: Teilnehmer des Techno-Großereignisses „Love Parade"
am 2. 7. 1994 in Berlin
Photograph: Werner Amann (Dortmund)
© C.H. Beck'sche Verlagsbuchhandlung (Oscar Beck), München 1995
Gesamtherstellung: Presse-Druck- und Verlags-GmbH, Augsburg
Gedruckt auf säurefreiem, alterungsbeständigem Papier
(hergestellt aus chlorfrei gebleichtem Zellstoff)
Printed in Germany

Inhaltsverzeichnis

Vorbemerkung

„Jugend-Kultur? Das ist doch schon ein Widerspruch in sich",
pflegt ein uns bekannter Zeitungsredakteur zu sagen. Und gerade neuere Entwicklungen wie die „ohrenbetäubende Techno-
Musik" oder „dieser Sprechgesang" – er meint HipHop –
scheinen ihm Wasser auf seine Mühlen. Jugendkultur war noch
nie so abgekoppelt, so abgedreht vom Verständnis der Älteren.
Nicht selten winken selbst 30jährige heute bereits ab: „Damit
kenn' ich mich nicht mehr aus."

Die Hippies in den 60er Jahren, die hat man gehaßt, wenn
man zum Establishment gehörte. Aber man hat verstanden,
was sie wollten: Gleichheit, freie Liebe, keinen Vietnamkrieg,
eine Absage an Verkrustungen und Autoritäten. Techno-Freaks
und Computerkids von heute haßt man längst nicht mehr –
dazu ist die Gesellschaft viel zu liberal geworden. Aber man
versteht sie auch nicht mehr. Es herrscht ein gleichgültiges
Nebeneinander – und der Dialog mit der Jugend wird immer
schwerer. Institutionen, Parteien und sogar die Werbung können ein Lied davon singen.

Dabei kann man gerade durch die Jugendkultur erfahren, was
junge Menschen heute denken, denn sie läßt sich lesen wie ein
offenes Buch. Allerdings muß man erst einmal wissen, was der
Begriff *Jugendkultur* überhaupt besagt. Er wird ja gern für alles
Mögliche benutzt. Manche fassen darunter alle Facetten jugendlichen Lebens – vom Berufsleben bis zum Sexualverhalten.
Andere meinen die Summe aufsehenerregender Subkulturen
(Punks, Skinheads) und ergötzen sich an den ach so exotischen
und interessanten Lebensformen „schriller" junger Leute mit
spektakulären Haartrachten. Für wieder andere ist Jugendkultur
ein anderes Wort für „Untergang des Abendlandes". Für uns ist
Jugendkultur das, was Jugend fühlt, denkt, glaubt, hofft – und
was sich deshalb wiederfindet in ihrem Leben, ihrer Sprache,

ihrer Mode oder ihren Stars. Soziologische Jugendstudien wollen meist an die Wertvorstellungen und die Gefühlswelt der Jugend herankommen, indem sie Meinungen und Einstellungen der Jugendlichen abfragen und dokumentieren. Wir glauben, daß das nicht reicht. Deshalb schlagen wir – quasi ergänzend zu den Studien – eine andere Richtung ein: Wir schauen uns an, was Jugendliche interessiert, was sie kaufen, wie sie leben, wie sie gekleidet sind, und fragen dann: Warum ist das so und nicht anders? Was sagt uns das über die Wertvorstellungen und das Selbstgefühl der Jugend? Wir fragen: Was ist Techno? Was bedeutet Techno? Was will die Jugend mit Techno über sich selbst sagen?

Jugend spricht über sich selbst durch die Dinge, mit denen sie sich umgibt, und das vielleicht sogar ehrlicher als in Interviews mit Psychologen und Pädagogen. Die meisten Nicht-mehr-Jugendlichen haben nur verlernt (oder es nie beherrscht), die Jugend zu verstehen, ihre Sprache zu sprechen. Dieses Buch wird zwar keinen kompletten Sprachkurs bieten, aber die wichtigsten Grundbegriffe kann es transparent machen.

Denn natürlich konnten wir nicht alle Facetten der Jugendkultur abdecken. Wir haben uns deshalb auf die wichtigsten Bereiche konzentriert, in denen Jugendkultur sich ausdrückt – Musik, Mode, Film, Discos, Kneipen, Computer, Sport, Fernsehen, Zeitschriften, Sprache. Wir wollen erklären, wie diese Bereiche das Bild der Jugendkultur prägen, wie Trends zustande kommen und was diese Trends über die Jugend von heute sagen. Und wir wollen auch zeigen, wie verdammt aufregend Jugendkultur sein kann.

Was erwartet Sie also in diesem Buch? In Kapitel I skizzieren wir die wichtigsten gesellschaftlichen Rahmenbedingungen, die heute Jugendkultur bestimmen – stecken gewissermaßen ihre Grenzen und Möglichkeiten ab. Dabei ist besonders das Phänomen der *Szenen* von Bedeutung. Wir erklären, wie Szenen entstehen und warum sie so wichtig sind.

Kapitel II stellt die zentralen Bestandteile der Jugendkultur vor, also Musik, Disco, Mode, Sport, Kino, Kneipen und Jugendsprache. Wir beschreiben jeweils den aktuellen Stand und klären die wichtigsten Insider-Begriffe.

Kapitel III zeigt, wie Bewegung in diesen Kosmos kommt. Der Motor dieser Bewegungen sind die *Trends*. Wir erklären, wie Trends entstehen, wer dabei mitwirkt und welche Auswirkungen das immer schneller werdende Trendkarussell auf Jugendkultur hat. Und wir verdeutlichen, wie die Vielzahl von Wahlmöglichkeiten und der absolute Reizüberfluß die Jugendkultur von heute prägen.

In Kapitel IV stellen wir dann neue Strategien der Jugendkultur vor, die direkte Antworten auf den Reizüberfluß und die damit verbundene Visionslosigkeit der 90er Jahre sind. Hier kommen die beiden großen, prägenden Jugendkulturen der frühen 90er Jahre zu Wort: *Techno* und die Verweigerungskultur, auch gern als *Generation X* bezeichnet. Junge Leute schaffen Kultur in einer Welt, in der alle Erfahrungen schon gemacht und alle guten Songs geschrieben worden sind und die Gesellschaft gegen jede Form von Provokation abgestumpft ist. Beide Bewegungen – Techno und Generation X – sind aber mehr als abgeschottete Jugendkulturen für Insider. Indem sie zielsicher mit dem Finger auf Zustände weisen, die in unserer Gesellschaft im argen liegen, halten sie der Erwachsenenkultur den Spiegel vor.

Kapitel V wagt dann auch einige Prognosen über die Zukunft der Jugendkultur – vor allem im Blick auf neue Technologien.

Eines soll aber bei allen Analysen nicht in Vergessenheit geraten: Jugendkultur macht auch schlicht und einfach Spaß. In diesem Sinne: Band ab.

I. Die gesellschaftlichen Rahmenbedingungen der Jugendkultur

Jugendkultur findet nicht im luftleeren Raum statt, sondern entsteht immer wieder neu innerhalb von gesellschaftlichen Rahmenbedingungen, die sich ihrerseits stetig verändern. Die Jugendkultur der 90er Jahre spielt sich unter ganz anderen gesellschaftlichen Vorzeichen ab als die der 60er, 70er und der 80er. Die wichtigsten Veränderungen sollte man deshalb im Kopf haben, wenn man die Signale der Jugend deuten will.

1. Forever Young – die Jugend dauert immer länger

Wer gehört eigentlich zur Jugend? Im Fußballverein zählen dazu alle, die zwischen sechs und 18 sind. Aber sind Abiturienten bereits keine Jugendlichen mehr? Ist man erwachsen, wenn man an der Universität studiert? Es bleibt umstritten, wer *schon* oder *noch* zur Jugend gehört. Auf ein Phänomen jedoch können sich die meisten Soziologen und Pädagogen einigen: Die Jugend dauert immer länger. Sie beginnt eher, und es vergeht immer mehr Zeit, bis sich selbst die eingefleischtesten Berufsjugendlichen eingestehen müssen, daß die Party zu Ende ist.

Die Tatsache, daß die Jugend eher beginnt, bezeichnen Pädagogen als „Akzeleration". Das heißt soviel wie „Beschleunigung". Gemeint ist die Beschleunigung der körperlichen und psychischen Reifung des Menschen. Unter der körperlichen Akzeleration versteht man vor allem zwei Phänomene: das beschleunigte Wachstum und die Vorverlagerung der Geschlechtsreife. Während beispielsweise 1913 der durchschnittliche Volksschüler knapp 1,50 Meter groß war, maß er 1963 bereits 1,65 Meter.[1] Die Gründe dafür sieht man vor allem in der ausgewogeneren Ernährung, einer besseren medizinischen und hygienischen Versorgung sowie einer geringeren körperlichen Belastung in einer Phase, die für die physische Entwicklung besonders wichtig ist. Auch der Zeitpunkt der ersten Menstruation rückt immer weiter vor: 1869 setzte sie im Schnitt mit 15,6 Jahren ein, 1967 bereits im Alter von 13,3 Jahren.[2]

Erstaunlicher als diese körperlichen Veränderungen sind die psychischen Phänomene der Akzeleration. Die Anregungen und Reize durch Massenmedien sorgen dafür, daß Kinder immer früher immer mehr wissen und können. Das neunmalkluge Kind, das seinen Eltern vorschreibt, wie sie den Abfall zu trennen und den Videorecorder zu programmieren haben, gehört heute ebenso zum Alltag wie das Computerkid, das die schwierigsten Kopierschutz-Codes von Computerspielen knackt. Berühmt-berüchtigt ist mittlerweile auch das Markenbewußtsein der Kinder, wenn es um Kleidung geht. Selbst Haute-Couture-Designer haben darauf schon reagiert und Kinderkollektionen entworfen, die mehrere tausend Mark kosten. Ob damit wirklich das „Verschwinden der Kindheit" (Neil Postman) eingeläutet wird, wollen wir hier nicht ausdiskutieren. Fest steht: Die Kindheit endet früher, die Jugend beginnt eher – und dauert immer länger.

Immer mehr Studenten lassen sich immer länger Zeit für ihr Studium. Folglich rutschen einschneidende Ereignisse, die traditionell mit dem Status des Erwachsenen assoziiert werden (fester Job, Heirat, Kinder), im persönlichen Lebenslauf immer weiter nach hinten. Der Schritt von der Jugend ins Erwachsenendasein vollzieht sich aber nicht nur später, sondern er ist auch nicht mehr so klar auszumachen: Die Grenzen verwischen sich.

Kennzeichnend für diese Entwicklung ist der 27jährige Chemiestudent, der seit zwei, drei Jahren mit seiner Freundin, 25, zusammenlebt. Seinen Lebensunterhalt verdient er mit einer Teilzeitarbeit in einem Labor an der Uni. Auch der Bekanntenkreis der beiden besteht vor allem aus Studenten. Jugendlicher im klassischen Sinne ist der Chemiestudent daher schon lange nicht mehr. Aber ist er ein Erwachsener? Wenn nicht, ab welchem Punkt wird er es denn? Jugend endet nicht mehr mit einem einschneidenden Ereignis, sondern sie franst irgendwann einfach aus, verabschiedet sich stillschweigend.

Das beschränkt sich nicht auf Akademiker: Es gibt auch den 30jährigen Lastwagenfahrer, der zwar verheiratet ist, aber nach wie vor am liebsten die Jeansjacke mit dem Aufnäher der Hardrock-Gruppe AC/DC trägt und sich auf den meisten einschlägigen Rock-Konzerten der Gegend sehen läßt. Seine Gedanken- und Wertewelt ist in etwa die gleiche, die er auch mit 21 schon hatte. Und es gibt keinen zwingenden Grund, warum sich das in den nächsten Jahren einschneidend ändern sollte.

Woran man Berufsjugendliche erkennt

– Schwarze Lederjacke
(Frauen und Männer; zeitlos coole Kleidung, mit der man nichts falsch machen kann)
– Kurze, schwarze Lederröcke und schwarze Netzstrümpfe
(Frauen; waren in den 80ern mal in den jungen Szenen angesagt. Werden immer noch toleriert, da immerhin sexy)
– Zöpfe
(Männer; man hat einen Rest von jugendlicher Freakigkeit bewahrt. Vorsicht: hohe Verwechslungsgefahr mit Werbegrafikern!)
– Ohrringe
(Männer; man ist eigentlich immer noch der lockere Individualist von früher. Vorteil: Unauffälliges Kennzeichen, das mit biederer Abteilungsleiter-Optik problemlos kombinierbar ist)
– Turnschuhe
(Frauen und Männer; Joschka-Fischer-Jugendlichkeit. Wird heute von den jungen Szenen sehr schnell als Anbiederung durchschaut, da meist nicht die richtigen Marken getragen werden)

Klebenbleiben an der Jugendkultur wird durch zweierlei erleichtert: Zum einen hat sie spätestens seit den 60er Jahren einen starken Einfluß auf die Wertvorstellungen der Nicht-mehr-Jugendlichen, vor allem in bezug auf äußerliche Werte. Das Schönheitsideal, die Mode, die Popmusik, die Ästhetik der Werbung – all dies wird entscheidend von der Jugend inspiriert. „Puerilismus" nennen die Soziologen das. Im Zeitalter des Puerilismus ist es deshalb für einen 35- oder 40jährigen durchaus naheliegend, nach Möglichkeit am Puls der jungen Zeit zu bleiben. Zum anderen fehlt heute aber auch eine verbindliche, ausgeprägte Erwachsenenkultur – eine gesamtgesellschaftlich verpflichtende Kultur, gegen die in den 60er und 70er Jahren eine Welle von Protestbewegungen anrannte. Zu sehr sind die ehemals tragenden Begriffe wie Leistung, Kirche, Sitte, Fortschrittsglaube auch im Bewußtsein der Älteren ausgehöhlt, als daß sie noch eine explizite Erwachsenenkultur tragen würden.[3] In dieses Vakuum hinein verlängert sich die Jugendkultur. Man bleibt bei den Rolling Stones – schließlich bleiben die auch dabei, obwohl sie um die Fünfzig sind.

Jugendstudien wie die von Shell oder IBM beziehen daher die Phase der sogenannten Postadoleszenz – die 20- bis 29jährigen – ein, wenn sie über Jugend reden.[4] Genauso machen wir es in diesem Buch. Wir verstehen unter Jugend generell die 14- bis 29jährigen. Natürlich ist eine solche Abgrenzung immer etwas willkürlich, aber spätestens im Laufe der Party zum 30. Geburtstag überlegen sich wohl die meisten, daß es ein Leben nach Uni & Co. gibt.

Die Ausweitung der Jugendzeit stärkt, wie gesagt, die Bedeutung der Jugendkultur. Allein die Masse der potentiell an Jugendkultur Interessierten ist heute deutlich höher als beispielsweise in den 60er Jahren. Etwa 17 Millionen Einwohner im Alter von 14 bis 29 hatte die Bundesrepublik 1992.[5] Dabei steigt die Zahl der Noch-nicht-Berufstätigen, die durch Schule, Uni oder andere Arten von Ausbildung schlicht und einfach Zeit haben, sich im Rahmen der Jugendkultur zu engagieren – sie machen Musik, schneidern experimentelle Mode oder legen als DJ Platten auf. So entsteht ein Freiraum, in dem man nach Herzenslust und unabhängig von Erfolgszwängen herumdoktern kann. Jugend ist ein „offener Lebensbereich, keine Vorbereitung auf etwas anderes, sondern eine eigene Welt", wie es der Soziologe Wilfried Ferchhoff formuliert.[6]

2. Was wißt Ihr schon von unserem Leben? – Das Ende der Autoritäten

Soziologen, Psychologen und Pädagogen nennen es „Postmoderne Entstrukturierung" oder „Differenzierung" oder „Individualisierung" oder „Neuer Pluralismus" oder „Neue Unübersichtlichkeit" – und meinen damit im Kern dasselbe: Es knirscht im Gebälk der alten Autoritäten und Instanzen – besonders betroffen sind Familie, Kirche und die Politik. Institutionen und Werte verlieren an Einfluß; immer unabhängiger, aber auch immer einsamer muß jeder einzelne seinen Weg finden.

Glaubt man den jüngsten Jugendstudien, dann hängt die deutsche Jugend förmlich an der Familie.[7] Die meisten reden gern und oft mit ihren Eltern, und die Erwachsenenwelt des Elternhauses wird nur in wenigen Fällen als echter Gegensatz zur eigenen Clique gesehen. Auch planen die meisten Jugendlichen, einmal selbst eine Familie zu gründen. Angesichts eines so spannungsarmen Umgangs mit den Eltern kann von einem Generationenkonflikt also nicht die Rede sein.

Trotzdem verliert die Familie an Einfluß auf die Sozialisation der Jugendlichen: Die Wertsetzungen, die durch die Familie weitergegeben werden, gehen zurück, die Leitbildfunktion der Eltern schwindet.[8] Um heute in der Welt da draußen zu bestehen, sind wieder einmal ganz andere Kenntnisse nötig, als sie die Eltern vermitteln können.[9] Tips aus Wirtschaftswunderzeiten sind genauso hinfällig geworden wie die Maximen jener Eltern, die sich gern auf '68 beziehen und sich liberaler geben. Deshalb hat zwar der Generationenkonflikt mit den Eltern nachgelassen, an seine Stelle tritt aber nicht etwa eine neue Eintracht, sondern ein friedliches Sich-Entfernen. Man läßt sich in Ruhe. Fast schon sprichwörtlich sind die Eltern der antiautoritären Bewegung, die sich von ihren Kindern nicht mehr provozieren lassen. So ist es für die neuen Jugendlichen vergeudete Energie, sich mit ihren Eltern substantiell auseinanderzusetzen: Statt dessen lassen sie ihre Erzeuger einfach am Erfahrungskosmos der Jüngeren nicht mehr teilhaben. Brigitte Melzer-Lena,

Leiterin des Instituts für Jugendforschung (IJF) in München: „Die Eltern sind so scheißliberal geworden, daß man sich an ihnen nicht mehr reiben kann. Das ist eher ein Nachteil als ein Vorteil für die Jugend, weil man so etwas braucht."[10]

Für die Kirche springt nicht mal ein Nebeneinander heraus. Die meisten Jugendlichen haben den Kontakt zur Kirche völlig abgebrochen. Nur noch 21 Prozent der West- und zehn Prozent der Ostdeutschen waren 1991 in den vier Wochen vor einer Befragung zum Gottesdienst gegangen (West 1984: 27 Prozent).[11] Besonders in den jungen Szenen der Groß- und Mittelstädte gilt praktizierter Glaube definitiv als „uncool" und wird konsequent ausgegrenzt.

Religiosität an sich ist aber nicht tot, jenseits der Amtskirchen gewinnt sie zumindest in Westdeutschland verlorenes Terrain zurück: 39 Prozent der Jugendlichen gaben an, „manchmal oder regelmäßig" zu beten (1984: 36 Prozent, Ost: 17 Prozent), und 56 Prozent glauben an ein Leben nach dem Tod (1984: 49 Prozent, Ost: 22 Prozent).[12] Auch der Boom der Jugendsekten zeigt, daß viele Jugendliche zwar die Bindung an die Institution Kirche dauerhaft verloren haben, aber wieder auf der Suche nach einem spirituellen Sinn sind. Bei einer Umfrage des Marktforschungsinstituts GEWIS über die beliebtesten Weltanschauungen der deutschen Jugendlichen zwischen 16 und 30 rangierte der Buddhismus mit 25 Prozent vor dem Protestantismus (11) und dem Atheismus (8). Der Katholizismus lag weit zurück gleichauf mit dem Islam (beide 7 Prozent).[13]

Als dritte, ehemals prägende Kraft ist der Einfluß der Politik immer mehr verblaßt. In den 60er Jahren wuchs an den Universitäten die Außerparlamentarische Opposition (APO) heran, und es bildete sich eine Hippie-Kultur, die beide gemeinsam das linke Spektrum noch bis tief in die 70er hinein prägten. Über die Frage, ob jemand Trotzkist oder Leninist war, konnten Freundschaften zerbrechen und Feten gesprengt werden. 1980 organisierten dann die Grünen, damals eine ausgesprochen junge Partei, den ökologischen Protest der 70er Jahre. Um 1980 erlebten Friedens- und Umweltbewegungen ihre großen Zeiten in Gorleben, Brokdorf, Wackersdorf und an der Frankfurter Startbahn West. Aber das waren für weite Teile der Jugend schon keine politischen Bewegungen mehr – es ging um höhere Anliegen, die jedoch nach und nach so zu Gemeinplätzen verflachten, daß sich nur mehr Langeweile und ständige Überschreitung der Redezeiten einstellten.

Die Parteien waren derweilen nicht untätig: Sie beschädigten sich und ihr Ansehen hartnäckig und ausdauernd durch zahllose Affären und durch Parteiprogramme, die sich kaum voneinander unterschieden – und die echten Probleme wie Jugendarbeitslosigkeit doch allesamt nicht in den Griff bekamen. Die Jugend reagierte auf ihre Weise: Heute interessieren sich lediglich 56 Prozent der west- und 62 Prozent der ostdeutschen Jugendlichen für Politik.[14] Diese passive Anteilnahme ist dabei noch deutlich höher als das persönliche aktive Engagement: Die Jugendverbände der etablierten Parteien haben starke Nachwuchsprobleme. Und auch soziale Bewegungen wie Umweltschützer, Friedensbewegte oder Kernkraftgegner platzen jugendpersonell nicht gerade aus den Nähten. Die Mehrheit der Jugend findet diese Bewegungen gut, aber nur eine verschwindende Minderheit engagiert sich auch in ihnen.[15] „Soziale Bewegung und politische Aktion: Ja – aber ohne mich!" – so kommentiert die Shell-Studie dieses Phänomen.[16]

Die Folge: Feste Bindungen zerfallen, Bindungen an Vereine, kirchliche Gruppen oder politische Parteien schwinden. Wo früher Vereinsabende, Zeltlager oder Diskussionsrunden in der christlichen Teestube das junge Leben prägten, herrscht heute ein privatistisches Ego-Denken vor, das lediglich in der Provinz noch nicht so stark ausgeprägt ist: „Auf dem Lande gibt es noch mehr Geborgenheit", glaubt Brigitte Melzer-Lena vom Institut für Jugendforschung. „Da gehen die Jugendlichen wirklich noch in die Freiwillige Feuerwehr und in die Musikkapelle. Institutionen, wo man zusammenkommt und Gemeinschaft pflegt. Aber in kleineren Städten ist es eigentlich schon wie in der Großstadt."[17] Dieses Bindungsvakuum füllen die Cliquen und Szenen, die immer wichtiger werden.

3. Szenen – die Gesellschaftsordnung der 90er Jahre

Was sind überhaupt *Szenen*? Klären wir zunächst einmal, was sie *nicht* sind. Wir reden hier nicht über den alten, unscharfen Begriff *der Szene*, mit dem noch in den 80er Jahren ein subversiv-diffus-querköpfiger Untergrund bezeichnet wurde. Wir reden vielmehr über viele *verschiedene* Szenen. Szenen, die überall dort entstehen, wo Menschen freiwillig gemeinsame Interessen, Wertvorstellungen und Freizeitaktivitäten entwickeln oder ganz einfach die gleichen Konsumartikel schön finden. Szenen sind soziale Netzwerke. Sie weichen die alten Strukturen der Gesellschaft, also soziale und lokale Herkunft oder Bildungshierarchien, auf und erzeugen neue. Szenen sind die Gesellschaftsordnung der 90er Jahre.

Um zu zeigen, wie das in der Realität vor sich geht, untersuchen wir einen „naturidentischen" Fall: Sascha, 20jähriger Arbeitersohn und Elektriker-Geselle aus Düren, und Katinka, 26jährige Verlegerstochter und angehende Journalistin aus Bremen, sind zwar gemäß einer konservativen Lesart nach wie vor durch die Schranken ihrer sozialen Herkunft getrennt, nicht jedoch in ihrer alltäglichen Freizeitgestaltung: Beide lieben Techno-Raves, tragen T-Shirts des Londoner Labels ‚Mau Mau', dazu Turnschuhe der Marke ‚Adidas Gazelle'. Beide mögen süße → Energy-Drinks wie ‚GuVi' oder ‚Flying Horse', begeistern sich für den Techno-DJ WestBam und lassen im Durchschnitt 600 DM pro Monat für Nightlife aus dem Portemonnaie.

Energy-Drinks

Erfrischungsgetränke, die zuerst in der Techno-Szene aufkamen. Um den Flüssigkeits- und Mineralverlust während der kräftezehrenden Raves in den Griff zu bekommen, trank man zu Beginn der 90er Jahre bevorzugt isotonische Sport-Getränke. Daraus entwickelte sich die Gattung der Energy-Drinks, die neben Zucker, Wasser und Kohlensäure eben auch Mineralien und stimulierende Mittel wie Koffein enthalten. Das bringt die „Energy" zurück. Sehr bekannt wurde das bis 1993 noch illegale ‚Red Bull', das jedoch seit seiner Legalisierung an jeder Tankstelle und in jedem Supermarkt zu haben ist.

Katinka und Sascha gehören deshalb zur Techno-Szene. Und dort haben sie sich auch kennengelernt: im April 1994 in der Dortmunder Westfalenhalle, auf der ‚Mayday VI‘. Im Juli haben sie sich auf der Berliner ‚Love Parade‘ wiedergetroffen, und seitdem stehen sie in ständigem Kontakt, meist per Telefon oder auch mal per Fax. Sie tauschen Platten und CDs, geben sich Tips, welche Klamotten gerade angesagt sind, und reden mittlerweile auch über persönliche Wünsche und Ängste.

Sascha und Katinka haben innerhalb einer *Szene* zueinander gefunden. Früher suchte man sich seine Freunde fast ausschließlich in der Nachbarschaft, auf dem Schulhof, im Sportverein oder an der Uni. Meist auch am Arbeitsplatz. Heute sind zu diesen traditionellen Kontaktbörsen – die deutlich an Einfluß verloren haben – die Szenen hinzugekommen.

Es reicht den Jugendlichen der 90er Jahre nicht mehr, nur in der unmittelbaren Umgebung nach Gleichgesinnten zu suchen. Man ist anspruchsvoller geworden, die Interessen bei jedweder Art von Freizeitgestaltung sind oft in unübersehbar viele Facetten aufgesplittert. Gleichzeitig ist die mediale Versorgung – und dadurch die Verbreitung von Szene-Symbolen – durch Fernsehen, Zeitschriften und Rundfunk während der letzten 15 Jahre ebenso gestiegen wie die Möglichkeit zur Kommunikation. Man benutzt das Telefon oder schickt hastige Handskizzen oder akribisch montierte Computer-Ausdrucke per Fax zum Szene-Adressaten. Selbst im Fernsehen kann man per Fax Grüße ausrichten lassen. Das SAT. 1-Jugendmagazin ‚Super!!!‘ blendet am Ende der Sendung alle eingegangenen Gruß-Faxe als Untertitel ins Schluß-Video ein.

Man kann auch, die entsprechende Ausrüstung vorausgesetzt, im Computernetz oder in einer elektronischen Mailbox Botschaften versenden wie „Erster Freitag im August, Mega-Rave in Plettenberg. Contact 0 22 22/5 55-30 00". Diese Terminankündigung eines →Rave wird dann nach dem Schneeballsystem an andere Mailboxen weitergeleitet.

Rave

Öffentliche oder halböffentliche Party zu Techno-Musik. Das besondere an Raves ist ihre Dauer: Bis zu 72 Stunden zogen sich die Techno-Raves Anfang der 90er Jahre, und 16 Stunden sind auch heute noch das Standardmaß. Bekannte Raves sind die ‚Love Parade' und die ‚Mayday'. Letztere zog 1994 rund 25 000 Raver aus ganz Europa in die Dortmunder Westfalenhalle.

Eine weitere Möglichkeit der übergreifenden Kommunikation bilden die sogenannten *Fanzines* (siehe auch Kapitel II.1.), Magazine, die gezielt für eine sehr eng begrenzte Fan-Zielgruppe produziert werden. Im Zeitalter von computergestütztem Desktop-Publishing (DTP) ist die Möglichkeit zu ihrer Herstellung weitgehend perfektioniert. Ob Punks im Ruhrgebiet oder Techno-Fans in Hamburg – alle können ohne großen Aufwand kleine, regelmäßig erscheinende Zeitschriften produzieren, in denen Mitglieder der angesprochenen Szenen zu Wort kommen und über die Qualität von Konzerten urteilen, über besonders exponierte Raves berichten oder einfach nur über Gott und die (Szenen)Welt schwafeln. Man ist unter sich, mehr als in ‚Bravo' oder gar im ‚Stern'. Fanzine-Seiten sind ganz speziell zugeschnitten und entsprechend unverständlich für Außenstehende, was Inhalt, Layout und Schreibstil betrifft.

Wichtig für die Entwicklung der Szenen-Kultur ist jedoch auch die gesteigerte Mobilität. Sie ist mittlerweile fester Bestandteil des jugendlichen Alltags geworden, sei es in Form eines besonderen Schüler- oder Studenten-Tickets für den Nahverkehr oder in Form des ersten eigenen Autos. Gerade in gemeinsamen Fahrten mit Bekannten, in der Länge der Anreise liegt ein zusätzliches Erlebnismoment. Veranstaltungen werden allein schon dadurch aufgewertet, daß man sehr weit fahren muß (siehe Kapitel II.4.).

Diese Mobilität hat Folgen: Jugendkultur verliert ihre lokale Angebundenheit. Die ganze Republik wird zur potentiellen Tummelwiese. Gleichzeitig wird es möglich, daß sich überregionale Szenen bilden. Natürlich sind dem u.a. schon zeitliche

Grenzen gesetzt. Denn meist hat man nur am Wochenende die Möglichkeit zu weiten Fahrten.

Die Bedeutung dieser Szenen kann kaum überschätzt werden. Und auch ihre Funktion nicht: Sie ordnen eine immer unübersichtlicher werdende Welt in homogene Sinnsysteme, die dem einzelnen Orientierung und Halt geben in einer komplexer werdenden Gesellschaft, in einer immer größeren Vielfalt der Werte-, Konsum- und Lebensstilangebote. Der Soziologe Gerhard Schulze ortet in ,Die Erlebnisgesellschaft' den Ursprung der Szenenbildung in „der Suche nach Eindeutigkeit, nach Anhaltspunkten, nach kognitiver Sicherheit in einer zunehmend unübersichtlichen Situation. Dem ständig drohenden Chaos setzen die Menschen vereinfachende Strukturvorstellungen entgegen. Szenen, alltagsästhetische Schemata, (…) sind Versuche, sich in einer schwer überschaubaren sozialen Wirklichkeit zu orientieren".[18]

Persönliche Orientierungen des einzelnen werden innerhalb solcher Szenen ausgebildet, denn kein Mensch kann seine Persönlichkeit ohne ständigen Austausch mit der Umwelt entwickeln. Erst das Erkennen des Unterschieds zu anderen führt überhaupt zur Wahrnehmung der eigenen *individuellen* Existenz. Und das Wahrnehmen der anderen, etwa auch gegensätzlichen Szenen führt entsprechend zur Wahrnehmung und Ausbildung der eigenen *sozialen* Existenz.

Es ist natürlich möglich, mehreren Szenen anzugehören. Die inhaltliche Orientierung der einzelnen Szenen kann dabei sehr unterschiedlich sein – ebenso wie das Zusammengehörigkeitsgefühl, die *Szenen-Intensität*. Der Surfer hat weniger das Gefühl, einer machtvollen und alles bestimmenden Gemeinschaft anzugehören als der Skinhead. Trotzdem ist auch er Mitglied einer Szene, die eine entwickelte Infrastruktur aufweist: Hobby-Magazine, Messen, Fachsimpeleien am Strand, die gemeinsame Überzeugung, daß der Blick nach oben in das vom Wind geblähte Segel ein Stück echte Freiheit bedeute usw. Gleichzeitig ist dieser Surfer aber nicht nur Surfer. Er kann ein leidenschaftlicher Besucher von Club-Discos mit dem Schwerpunkt Acid-Jazz sein. Damit gehört er zur Club-Jazz-Szene. Und außerdem studiert er Fotografie, liebt die Architektur-Studien von Walker Evans und ist regelmäßig in Ostberlin, um erhaltene Gründerbau-Substanz zu fotografieren. Somit gehört er auch zur Creative-Szene. Unser Surfer kann vor allem deshalb mehreren Szenen gleichzeitig angehören, weil deren Intensität nicht so allumfassend und hoch ist wie diejenige der Skinhead-Szene. Die nämlich bestimmt und regelt das Leben ihrer Mitglieder strikt und ausschließlich.

Eine weitere Unterscheidung muß noch getroffen werden: die zwischen *Szenen* und *Szene-Cliquen*. Eine Szene, z. B. die der Michael-Jackson-Fans, kann sich quer über den gesamten Globus erstrecken. Der Teenager in Hongkong kennt Songtexte, Melodie-Floskeln und Styling seines Idols genauso detailliert wie der Jugendliche in Boston oder Erfurt. Doch die Möglichkeit und Wahrscheinlichkeit einer Kontaktaufnahme mit diesen weit entfernt lebenden Szene-Mitgliedern ist sehr gering. Unberührt davon teilt man aber Anschauungen und Sehnsüchte, lebt in der gleichen Wertewelt. Eben in der Michael-Jackson-Szene – und da gibt es nur eine auf der ganzen Welt. Michael-Jackson-Szene-Cliquen existieren dagegen unzählig viele. Denn eine Szene-Clique ist eine Teilmenge der Gesamtszene. Sie bildet sich, wo Angehörige dieser Szene einander namentlich kennen, mündlich oder fernmündlich miteinander kommunizieren und regelmäßige Treffen abhalten. Denn wenn auch Mobilität und digitalisierte Kommunikationstechnik enorme Fortschritte gemacht haben, setzen Zeit und Geldbeutel einer direkten, globalen Vernetzung der Szenen bislang natürlich noch Grenzen. Szene-Cliquen sind die kleine Lösung dieses Problems, sie weisen deshalb auch einen höheren Grad an Intimität und Privatheit auf als die übergreifenden Szenen.

Wie verbreitet Szenen in Deutschland sind, wird etwa in der Shell-Jugendstudie '92 belegt: Auf die Frage „Bist du in einem Kreis von jungen Leuten, der sich regelmäßig oder öfter trifft und zusammengehörig fühlt? Ich meine nicht einen Verein oder Verband", antworteten nur 23 Prozent der Befragten mit „nein".[19] Und wie prägend Szenen (oder Cliquen) für die individuelle Biographie des Jugendlichen sind, unterstreicht eine

Kommunikation wird in jungen Szenen großgeschrieben.

Studie des Instituts für Jugendforschung (IJF) aus dem Jahr
1992: Eine repräsentative Befragung von fünfhundert 14- bis
22jährigen ergab, daß über 70 Prozent bei der Berufswahl entscheidend von der Meinung der eigenen Szene oder Clique beeinflußt wurden und werden.[20] Dagegen legten nur 35 Prozent
Wert auf das Urteil ihrer Eltern. Das gleiche gilt für die
Freizeit: 88 Prozent der Befragten gaben das Zusammensein
mit Freunden als bevorzugte Freizeitbeschäftigung an. Ihren
Freunden fühlen sich alle Befragten am nächsten. Weitaus näher als dem Beruf oder der Ausbildung, dem Geld oder ab-
strakten Werten wie Selbstverwirklichung. Ganz am Ende der
Beliebtheitsskala rangiert die eigene Familie.[21]

   Wie können aber Szenen wichtiger sein als die eigene Familie? Schließlich, so ein gängiger Einwand, sind doch Michael-
Jackson-Poster, Surfbretter, ‚Mau-Mau‘-T-Shirts nur Äußer-

lichkeiten. So was kann doch keine Szene zusammenhalten. Weit gefehlt. Genau dadurch konstituieren sich Szenen: durch Äußerlichkeiten, die allerdings mit Bedacht gewählt wurden und deshalb große Aussagekraft haben. Zum Beispiel durch Kleidung, denn was man außen auf der Haut trägt, ist ein Symbol der inneren Befindlichkeit und dient dazu, Identitäten zu schaffen und sich abzugrenzen. Selbst wer von sich behauptet, keinerlei Wert auf Mode und Äußerlichkeiten zu legen, verfolgt damit eine gewisse Geisteshaltung, orientiert sich an einem gewissen Wertekatalog. Nur daß der sich eben durch das Vermeiden bestimmter Äußerlichkeiten und Konsumformen manifestiert.

So oder so ist Konsum oder Nicht-Konsum symbolischer Natur. Wer sich eine bestimmte Jeans-Marke kauft, oder nicht kauft, tut das nicht mehr nur aus dem schlichten und uralten Bedürfnis heraus, seinen Körper gegen Kälte, Schmutz und Feuchtigkeit zu schützen. Er vollzieht im Konsum vielmehr einen symbolischen Akt. Das Objekt der Begierde steht für mehr als nur warme Beine, es gewährt oder verwehrt den Eintritt zu einer gewissen Lebenshaltung, einer bestimmten Wertewelt und einer charakteristischen Sicht des Lebens. Trage ich T-Shirts Größe XL vom Londoner Label ‚Hope And Glory‘, fahre ich einen speziell getunten, nach meinen Vorstellungen in Wattenscheid perlmutt-violett lackierten VW Golf, esse ich ausschließlich Vollkorn-Ravioli aus Demeter-Mehl oder hasse ich es, an die Costa Brava zu fahren und ziehe statt dessen die irische Insel vor – immer ist die Entscheidung für oder gegen ein bestimmtes Konsumobjekt nicht bloß durch Sachzwänge bestimmt. Ein Stück Ideologie ist stets dabei. Mal mehr, mal weniger.

Kleine Szene-Auswahl
(kein Anspruch auf Vollständigkeit)

Techno

Entstanden Ende der 80er in Berlin: In halblegalen Discos wie dem berühmten ‚Tresor‘ – im Untergeschoß eines abbruchreifen Bankgebäudes – tanzte man zu harten, monotonen Computer-Beats. Im Verlauf der 90er hat sich die Techno-Szene (mittlerweile auch Raver-Szene genannt) zur zahlenmäßig stärksten Fraktion im Sektor der neuen Musikarten gemausert. In Deutschland gehören ca. 500000 Jugendliche im weitesten Sinne der Techno-Szene an. Sie verfügt über ein ausgebautes Info-Netzwerk mit Fanzines, Mailboxen und → Flyern. Computer-Schöpfungen bestimmen auch das optische Bild der Techno-Raves, deren bislang größter mit 25000 Besuchern die Dortmunder ‚Mayday VI‘ war. Techno ist wahrscheinlich die prägendste Jugendkultur der 90er Jahre.

Flyer

Bunte Faltblätter, wie sie ursprünglich als Reklame-Postsendungen verwendet wurden. Die deutschen Raver haben diese Art der Kommunikation für ihre Zwecke abgewandelt: Man verbreitet Party-Ankündigungen und News über Flyer, die man aber von Hand zu Hand reicht. Sie sind meist phantasievoll mit allen Möglichkeiten des Computers gestaltet.

Body-Culture

Ebenfalls eine Szene, deren Geburtsstunde in den 80ern liegt. Doch was Yuppies als narzißtischen Kult ausformten, haben die Body-Culture-Anhänger zu einer Gesundheits- und Wellness-Ideologie modifiziert. An die Stelle von Body-Building tritt Body-Shaping. Man fährt Mountainbike zur Arbeitsstelle, absolviert auch bei Regen den obligatorischen Cross-Country-Lauf, liest begeistert ‚Geo‘-Reportagen über Skilanglauf zuzüglich Rentier-Beobachtung in finnischen Waldebenen und ernährt sich erst nach ausgiebiger Lektüre von Standardwerken über Vollwertküche oder der 2001-Reihe ‚Gift im…‘.

Junge Christen

Verantwortung ist ein großes Wort. Die jungen Christen haben es zu einem Angelpunkt ihres Lebens gemacht. Beharrlich stemmen sie sich gegen die herrschende Zeitströmung, nur noch für sich selbst oder für gar nichts mehr verantwortlich zu sein. Sie tragen meist schlichte, unauffällige, brave Kleidung und meiden modisch-exponierte Accessoires. Grundsatzdiskussion und der Anspruch, „etwas ändern zu wollen, etwas zu bewegen", sind Tugenden, die sie bruchlos aus den emphatisch-weltverändernden späten 60er und frühen 70er Jahren herübergerettet haben.

Computer-Freaks

Was hat man nicht alles schon über sie gelesen oder munkeln hören. Bis ins Pentagon sind die hackenden PC-Wizards schon vorgedrungen. Die Wahrheit sieht allerdings weniger spektakulär aus: Computer-Freaks sind meist leicht anämisch wirkende Wesen, die entweder noch im Teenager-Alter stecken oder die Epoche der Postadoleszenz schon beinahe hinter sich haben. Allen gemeinsam ist die Lust am Tüfteln, am Wildern in Schaltkreisen und Hauptplatinen. Früher wären sie vielleicht Modellbauer von ferngelenkten Flugzeugen geworden. Heute sind sie Computer-Freaks.

Alt-Szene

Wie der Name schon sagt, hat man schon ein paar Jahre auf dem Buckel. Man erlebte „the time of my life" meist in den mittleren 70ern und hörte harten Sound von Steppenwolf, den Rolling Stones und Led Zeppelin. Nun sind Guns N' Roses noch dazugekommen. Man stellt das Gros der Berufsjugendlichen, und die Lieblingsbeschäftigung besteht darin, beim Bier Geschichten über die wilden vergangenen Zeiten zu erzählen.

Alternative

Innerhalb des sich stetig drehenden Szene-Karussells fast schon eine Senioren-Szene. Sie halten das Fähnlein der Ökologie, der Friedensbewegung, der bewußten Ernährung und des kritischen Durchdenkens autoritärer Strukturen aufrecht. Ihre Anti-Konsum-Haltung drücken sie in bequemer, weitgehend mode- und geschlechtsloser Kleidung aus.

Surfer

Der Blick in das vom Wind geblähte Segel bedeutet Freiheit, Ausgleich für die Tretmühle des Jobs oder die lange Mitte des Studiums. Sagenhafte Brandung und immerwährender Wind sind das Elixier der Szene. Die Geheimziele, die beides bieten, etwa die Dominikanische Republik oder die französische Atlantikküste, sind der gemeinsame Bezugspunkt aller Surfer.

Creatives

Fotografen, Grafiker, Werbetexter, freie Künstler, Filmemacher, Autoren und Designer. Sie lieben es, ihre Umwelt durch und durch zu ästhetisieren. Design oder Nicht-Sein ist ihre Lebens-Maxime. Ältere Creatives tragen nach wir vor schwarze Klamotten, die jüngeren sind oft im Club-Wear-Bereich (siehe Kapitel II.3.) zu Hause.

4. Was kostet die Welt? – Geld, das Machtmittel der Jugend

Elvis, Petticoats, Kofferradios, James Dean – die amerikanische Jugendkultur der 50er Jahre stand am Beginn von Jugendkultur überhaupt. Mit dem Rock 'n' Roll entwickelten sich erstmals eine Musik und eine Mode, die speziell für Teenager gemacht wurden. Warum passierte das ausgerechnet in den 50er Jahren, warum in den USA? Die Antwort ist simpel: weil Geld da war. Die amerikanischen Teenager der Nachkriegszeit waren die ersten Jugendlichen der Welt, die in nennenswertem Maße Taschengeld zur Verfügung hatten und eine eigene Kultur auch ökonomisch in Gang bringen konnten. Vor allem die Schallplattengesellschaften, aber auch die Film- und die Modeindustrie stürzten sich auf diese neu entstehenden Märkte. Was vielfach als Jugendrevolte – ‚Denn sie wissen nicht, was sie tun' – hochstilisiert wurde, läßt sich aus der Sicht der Teenager viel banaler ausdrücken: „Wir haben jetzt Geld, und wir wollen Spaß. Also bitte, laßt euch etwas einfallen!"

Daran hat sich bis heute nichts geändert. Jugendkultur ist nicht nur Äußerung der Wertvorstellungen Jugendlicher, Jugendkultur ist immer auch eine große Chance, neue, kurzlebige und überflüssige Produkte auf den Markt zu werfen. Mehr denn je ist Jugendkultur heute ein Bastard aus echten Bedürfnissen und Gefühlsäußerungen auf der einen sowie aus raffinierten Marketingstrategien auf der anderen Seite.

Manche Erwachsene weigern sich aus diesem Grunde, der Jugendkultur überhaupt irgendeine Aussagekraft über die wirkliche Befindlichkeit der Jugend zuzugestehen. Das ist aber ein Denkfehler, denn eine Marketingstrategie muß ja auch von den Jugendlichen angenommen werden. Die lassen sich nämlich keineswegs alles vorsetzen. Man kann also davon ausgehen, daß jugendkulturelle Kunstprodukte, die Erfolg haben, tatsächlich auch einen Nerv der Jugend treffen.

Das Konsumpotential der 12- bis 21jährigen wird heute von Branchen-Insidern auf etwa 30 Milliarden Mark pro Jahr geschätzt.[22] Auch bei den 13- bis 15jährigen, die noch nicht nennenswert durch Jobs verdienen, kommt bereits einiges an Kaufkraft zusammen: durchschnittlich 45 Mark Taschengeld im Monat, Geldgeschenke im Werte von 271 Mark im Jahr und für knapp die Hälfte von ihnen noch einmal durchschnittlich 78 Mark pro Monat an zusätzlichen Geldzuwendungen (auf die alten Länder bezogen).[23] Mit steigendem Alter vervielfacht sich diese Summe durch Ferienjobs und anderes mehr. Hinzu kommt die Bereitschaft zur Verschuldung im Rahmen des Überziehungskredits auf dem Konto, gemäß der Maxime: „Die Eltern werden's schon richten."[24] Der Konsum setzt deshalb auch sehr früh ein: 27 Prozent der 7- bis 15jährigen besaßen 1991 bereits einen Computer.[25]

Die sogenannten „Skippies" (School Kids with Income and Purchasing Power) sind jedoch nicht nur eine gefragte Zielgruppe, weil sie Geld haben, sondern auch, weil sie die Kaufentscheidungen ihrer Eltern deutlich beeinflussen. So zeigte sich, daß bei der Anschaffung eines Fernsehers in 56 Prozent, bei der eines Autos in 51 Prozent der Fälle Jugendliche ein gehöriges Wörtchen mitreden.[26] Die Gründe dafür: Jugendliche wissen meist sehr gut über neue Produkte Bescheid und haben ein hohes Markenbewußtsein.

Die vorrangigen Konsumgüter, für die Jugendliche zwischen 14 und 21 Jahren Geld ausgeben, sind:

- Bekleidung
- Gaststättenbesuche
- Auto, Motorrad, Fahrrad
- Schallplatten, Hi-Fi
- Kosmetik und Körperpflege
- Getränke.[27]

Natürlich gibt es geschlechtsspezifische Unterschiede. Während die Jungen fast Dreiviertel der jugendlichen Konsumenten im Segment Auto/Motorrad/Fahrrad stellen, sind die Mädchen bei Kosmetik/Körperpflege mit 84 Prozent klar in der Mehrheit. Die Attraktivität der jungen Zielgruppen hat dazu geführt, daß sich in bestimmten Unternehmen die gesamten Marketing-Aktivitäten (Marktforschung, Werbung etc.) auf sie konzentrieren. Immer neue Studien widmen sich ihrem Konsumverhalten, im Umfeld von Jugendsendungen im Fernsehen kann gar nicht genug Sendeplatz für Werbung vorhanden sein. Die Branche sprach Ende 1993, kurz vor der Einführung des neuen TV-Jugendsenders Viva, ganz offen davon, daß bislang zuwenig Werbeplatz im Umfeld von Jugendsendungen (wie ,Melrose Place' oder ,Beverly Hills, 90210') vorhanden sei.[28]

Über das Portemonnaie üben die Jugendlichen also keinen unerheblichen Einfluß in der Gesellschaft aus – auch wenn man sich ansonsten herzlich wenig für ihre Belange interessiert. Um freilich den Kontakt mit dem jungen Geld zu optimieren, genügt vielen Firmen die klassische Werbung schon lange nicht mehr. Viele Marketing-Experten mißtrauen der guten alten Anzeige oder dem Werbespot und verlegen sich verstärkt auf sogenannte *Below-the-Line*-Maßnahmen, also Aktivitäten, die unterhalb, oder besser gesagt: außerhalb der klassischen Werbung angesiedelt sind. Das können gesponserte Veranstaltungen sein, Preisausschreiben, bei denen es Reisen zu gewinnen gibt, oder gar speziell für junge Zielgruppen entwickelte Zeitschriften.

Besonders beliebt sind bei den Firmen gesponserte *events* – meistens Konzerte, Disco-Partys oder Sportveranstaltungen, die ganz oder teilweise von Markenartiklern finanziert werden. Im Gegenzug dürfen diese die Veranstaltung werbewirksam für sich ausschlachten. Vor allem bei Disco-Großveranstaltungen läuft gar nichts mehr, ohne daß Plakate, Leuchtreklamen und sogar der Name der Veranstaltung allerorten suggerieren: Trink unser Getränk, trag unsere Modemarke, und vor allem: Rauch unsere Zigarette! Die Zigarettenmarken dürfen ja bekanntlich im Fernsehen nicht mehr werben und engagieren sich deshalb um so stärker im Below-Bereich.

Damit die Markenartikler auch immer genau wissen, was in welchen Szenen gerade angesagt ist und welche Trends man in publicityträchtige events ummünzen könnte, wird mittlerweile ein ganzes Netz von Trendforschungs- und Event-Marketing-Agenturen beschäftigt, deren Leute wie Spione in den jungen Szenen herumlaufen, Schlüsselpersonen aushorchen und ständig die allerneuesten Entwicklungen an ihre Auftraggeber weitermelden. Nicht selten wird dann auch gleich ein Konzept für eine mögliche Veranstaltung mitgeliefert. Die Essener Agentur ‚Team Action Sports' (TAS) ist etwa auf Sportveranstaltungen aus dem Bereich der amerikanischen Trendsportarten (z. B. Streetball) spezialisiert. ‚Megacult' aus Köln versteht sich dagegen auf die Durchführung von abgefahrenen Musikveranstaltungen und kreierte zum Beispiel für die Zigarettenmarke ‚West' den ‚West Stage Diving Contest'. Dabei → stagediveten Freiwillige möglichst akrobatisch von der Bühne ins Publikum – während im Hintergrund riesengroß das West-Logo zu sehen war.

Stage-Diving

„Bühnen-Tauchen". Man stürzt sich bei einem Rockkonzert von der Bühne kopfüber ins Publikum, das einen mit den Armen auffängt. Stage-Diving wird vor allem auf Konzerten härteren Kalibers, vor allem bei Punk- und Heavy-Metal-Gruppen, praktiziert. Hier lassen es die Bands oft zu, ohne daß Ordner eingreifen.

Für die Jugendkultur hat die massive Aktivität der Industrie zweierlei Auswirkungen: Auf der einen Seite werden durch die Finanzspritzen der Großfirmen Veranstaltungen möglich, die allein über Eintrittsgelder niemals durchführbar gewesen wären. Dies gilt mehr oder weniger für alle Disco- und Sport-Großveranstaltungen. Der Bereich der Jugendkultur unterscheidet sich darum nicht großartig von der breiten populären Kultur in Deutschland. Auch die Fußballweltmeisterschaft, die Olympiade und immer häufiger sogar die Hochkultur der Museen, Theater- und Opernhäuser – nichts wäre ohne das Geld der Industrie heute mehr möglich.

Auf der anderen Seite wird die Jugendkultur natürlich durch den Trendforschungsapparat der Industrie in hohem Grade kontrolliert. Ein neuer Modetrend in einer Bremer Underground-Disco liegt heute schneller wohldokumentiert auf dem Schreibtisch eines Marketing-Chefs in Nieder-Olm bei Frankfurt, als die Underground-Szene in Hamburg davon erfährt. Die ständige Präsenz der Marken erzeugt bei den jungen Szenen das Gefühl eines Ausgeliefertseins: Ich kann keinen Schritt tun, ohne daß ihn die Marketing-Abteilungen registrieren. Und wenn ich meine Sachen groß herausbringen will, muß ich mich bei ihnen um Sponsoring-Gelder bemühen. Trends der Jugendkultur, die nicht in irgendeiner Form in Werbung oder Event-Marketing aufgegriffen werden, sind deshalb nicht unbemerkt geblieben: Sie waren nur kommerziell nicht interessant genug.

Aufgrund dieser Mechanismen ist authentische Jugendkultur heute kaum noch von kommerziell produzierter Jugendkultur zu unterscheiden. Unternehmen und Marken haben sich so massiv eingenistet, daß sie zu einem festen, selbständigen Bestandteil geworden sind, den man immer mitdenken muß, wenn man über die Jugend der 90er redet.

5. Ost = West, Stadt = Land – die Jugendkulturen nähern sich an

Wir unterscheiden in diesem Buch nur in Ausnahmefällen zwischen west- und ostdeutscher Jugendkultur. Dafür sprechen mehrere Gründe. Die „Highlights" der Jugendkultur werden heute auf weltweite Wirkung konzipiert, und sie entstehen vor allem in den USA.[29] Wesentliche Strömungen wie HipHop oder Sportmode werden über die Massenmedien in alle Jugendzimmer transportiert, sowohl in Chemnitz wie in Bamberg. Eigenständige lokale oder regionale Kreationen spielen demgegenüber keine so große Rolle, daß man sie nach Ost und West differenzieren müßte.

Auch die Präferenzen für bestimmte Formen der Jugendkultur sind in Ost und West im wesentlichen gleich. Die Shell-Jugendstudie '92 fragte nach Vorlieben und Abneigungen im Bereich von Kino-Genres, Musikstilen, Tanzformen, Ernährungsweisen, Modearten, Fanzirkeln und Freizeitaktivitäten. In Ost und West ergaben sich dabei sehr ähnliche „kulturelle Einzelprofile. Diese wurden zu übergreifenden Lebensstilen zusammengefaßt – auch auf dieser Stufe blieben sich, von feinen Differenzierungen einmal abgesehen, westdeutsche und ostdeutsche Jugendliche gleich."[30] Der einzige Unterschied: Wer beispielsweise im Osten auf *Hochkultur* steht, ist meist Schüler, Student oder Auszubildender; mit der Arbeit flaut dieses Interesse dann ab. Das ist im Westen genau umgekehrt: Die Jugendlichen sind weniger an „Hochkultur" interessiert als berufstätige und meist besser situierte Erwachsene. Das heißt: Die Leute, die in West und Ost die gleichen Vorlieben haben, können verschieden alt und unterschiedlich ausgebildet sein.[31]

Wir haben auch nicht streng zwischen der Jugendkultur auf dem Land und in der Stadt getrennt. Schon bei flüchtigem Durchblättern des Buches fällt auf, daß viele Phänomene und Trends, die wir beleuchten, aus den Großstädten stammen und auch vor allem dort bekannt sind. Die Gründe dafür: Neue Jugendtrends entstehen fast immer in Großstädten und pflanzen sich dann mit Zeitverzögerung in die Kleinstädte und die Provinz fort. Manchmal schaffen sie es auch gar nicht oder kommen nur verwässert dort an. Es gibt keinen „gleichberechtigten" Austausch von Jugendkultur zwischen Stadt und Land. Gleichzeitig sorgen die Medien, vor allem das Fernsehen, dafür, daß die Jugendkulturen in Stadt und Land sich langsam annähern – allerdings wiederum nicht gleichberechtigt: Vielmehr verstädtern die ländlichen Jugendkulturen – wesentlich daran beteiligt: Medien und Marken.

II. Die Ästhetik der Jugendkultur

1. Medien und Marken – Fernsehmafia und Jugendzeitschriften

Jan, 17, Schüler aus Bochum, ist im allgemeinen nicht gerade anspruchsvoll. Nur ,Yo! MTV Raps', das ist ihm heilig. Samstags ab 11.30 Uhr läuft die Sendung auf dem Musiksender → MTV Europe. Supercoole, absolut lässige Moderatoren präsentieren das Neueste aus der Welt der Rap-Musik (mehr dazu im Kapitel V.1.), es gibt die aktuellen Rap-Videos, die gleichzeitig die neuesten Moden und Tanzstile der US-Gruppen zeigen. Da muß man einfach dabeisein. Meistens kommen auch einige von Jans Freunden vorbei, bringen neue Platten mit und reden über Frauen. ,Yo! MTV Raps' ist eine Art Samstagnachmittag-Treffpunkt für sie geworden. Danach werden die gerade gesehenen Tanzschritte ausprobiert und, wenn sie „gut kommen", auch gleich abends in der Disco präsentiert. „Man muß einfach dranbleiben", meint Jan, „ohne diese Sendung würde ich nur die Hälfte von dem mitkriegen, was im HipHop so läuft."

MTV Europe

Musikvideosender mit Sitz in Camden Town, London. Ableger des Ur-MTV in den USA. MTV bestreitet sein europaweites Programm ausschließlich mit Videos und Berichterstattung zu Pop-Musik und Filmen. Die bildersprühende, meist hektische, durch kurze Schritte geprägte Ästhetik der Videos setzt sich bei MTV in der Präsentation der Clips durch einen VJ (Video-Jockey) fort. Diese VJs sind mittlerweile selbst zu Stars geworden wie etwa der Engländer Ray Cokes oder die Deutsche Kristiane Backer.

Schließen wir einen Moment die Augen und stellen uns vor, wie die Welt der Jugendkultur ohne Massenmedien aussehen würde: Wir sehen Abertausende von lokal geprägten, eigenständigen Szenen. Vielleicht würden in Ulm alle Jugendlichen rote Lederjacken tragen, weil irgendein cooler Lokalmatador es so vorgemacht hat. Vielleicht würden in Elmshorn alle jungen Leute auf Mundharmonikamusik stehen, weil einige Wunderkinder der dortigen Schule gerade damit Signale gesetzt haben. So oder so: Von internationalen Trends wie HipHop oder Techno (siehe Kapitel II.2.) hätte dort niemand eine Ahnung. Niemand wüßte, was in London los ist, was die Kids in New York machen, wer in Los Angeles die geilsten Rap-Verse reimt. Eine Jugendkultur, die über einzelne Städte oder sogar Länder hinausgeht, wäre undenkbar. Denn nur die Massenmedien transportieren die Symbole der Jugendkultur und sorgen dafür, daß sie sich verbreiten und zum gemeinsamen Standard bestimmter junger Szenen werden.

Massenmedien können sogar komplette ausländische Jugendkulturen kurzerhand importieren. Graffiti ist dafür ein gutes Beispiel: Vorbild für die deutschen Sprayer, die in den 80er Jahren anfingen, die Bahndämme unsicher zu machen, waren die bunten Gemälde in der New Yorker U-Bahn. Nur verschwindend wenige deutsche Graffiti-Künstler aber waren selbst in den USA gewesen. Man kannte Graffiti eben aus den Medien.

Massenmedien lassen überregionale Jugendkulturen also erst entstehen; gleichzeitig dämmen sie aber die Vielzahl von möglichen jugendkulturellen Stilformen ein. Weil nicht unendlich viel Verschiedenes gesendet oder in Zeitschriften gedruckt werden kann, wird selektiert. Eine neue Mode oder eine neue Platte wird vielleicht vorgestellt, weil sie sich in einem anderen Land bereits sehr gut verkauft hat, weil man sie für trendy hält, weil ein großer Anzeigenkunde Interesse daran hat oder weil der Modeschöpfer oder die Interpretin bereits einen großen Namen hat – oder den Chefredakteur kennt. Es kann viele verschiedene Kriterien geben, doch eines steht fest: Die Medien wählen aus und haben damit eine Gatekeeper-Funktion. Nur was über die Medien transportiert wird, hat eine Chance, sich durchzusetzen. So reduzieren und lenken sie die Welt der Jugendkultur. Die Zeitschrift ‚Bravo' zum Beispiel hat deshalb ganz selbstverständlich nur eine einzige, deutschlandweite Ausgabe: Was den Teenager in München bewegt, hat auch den Altersgenossen in Hamburg zu interessieren.

Damit forcieren die Massenmedien, besonders international operierende Unternehmen wie MTV, den Trend zur Gleichschaltung. Auf der ganzen Welt himmeln die Jugendlichen dieselben Pop- und Sportstars an, wollen sich kleiden wie sie, wollen so sein wie sie. Das Freizeit- und Konsumverhalten gleicht sich entsprechend an: So filmte die New Yorker Werbeagentur BSB Worldwide die Zimmer von 10- bis 19jährigen in 25 verschiedenen Ländern. Das Ergebnis: „Ob in Los Angeles, Mexico City, München oder Tokio, Teens tragen Levi's- oder Diesel-Jeans, Sportjacken und Mützen aus der US-Baseball-Liga, Schuhe von Doc Martens oder Timberland, trinken Cola und verbringen Stunden vor ihrem Sega- oder Nintendo-Videospiel.“[1]

Medien sind sogar in der Lage, Kunstprodukte zu schaffen. Sie können Kleinigkeiten zu Trends erklären, obwohl eigentlich noch gar nichts darauf hindeutet. Massive Berichterstattung über ein bestimmtes, aber nebensächliches Phänomen, beispielsweise über eine neue Art zu tanzen, kann dazu führen, daß der durchschnittliche Medienkonsument den Eindruck bekommt, es werde nun wirklich überall so getanzt und er selbst habe da etwas verpaßt. „Hype“ wird so etwas von Insidern genannt (siehe Kapitel III.1.). Auch bestimmte Szenen können gehypet werden. Oft sind es die Medien, die kleinen, nur lose in Zusammenhang stehenden Szenen überhaupt erst ein Etikett geben und sie damit zum Thema erklären. Dann werden einige Kennzeichen dieser neuen Szene aufgezählt und schon glauben Außenstehende: „Aha, da tut sich was. So muß ich mich also anziehen, um dazuzugehören.“

Bezeichnend dafür war der Wirbel um die → Acid-Jazz-Szene 1993: Sehr verschiedene Musikrichtungen und mit ihnen bestimmte Fan-Szenen wurden kurzerhand zu einem großen Eintopf verrührt, ohne daß die Betroffenen wußten, wie ihnen geschah. Soul, Jazz-Dancefloor – all das konnte plötzlich Acid Jazz sein. Und Trendzeitschriften schrieben auch genau vor, was Acid-Jazz-Jünger hören, fühlen und tragen mußten, nämlich „Goatees: Ziegenbärte, die in allen Variationen und Längen getragen werden. Auch breite, buschige Koteletten oder Vollbärte sind wie alle Arten der Gesichtsbehaarung unter den männlichen Acid-Jazzern Pflicht."[2]

Acid Jazz

Moderne Jazz-Variante, die höchsten Wert auf Tanzbarkeit legt. Anfang der 90er Jahre prägte die kleine britische Schallplattenfirma ‚Acid Jazz' den Namen, der heute für eine ganze Reihe von Stilen steht. Unter Acid Jazz faßt man inzwischen alten, tanzbaren Jazz aus den 60er und 70er Jahren, moderne Mischungen aus Soul, Funk, HipHop und Jazz sowie ausschließlich für Discos produzierte Dancefloor-Musik, die nur beiläufige Jazz-Zitate aufweist, zusammen. Die Acid-Jazz-Szene steht in dem Ruf, gern Ziegenbärte, grobe Strickpullover und Kunstlederjacken zu tragen und eine coole, friedliche Atmosphäre zu bevorzugen. Die bekanntesten Interpreten des Acid Jazz sind Jamiroquai, die Brand New Heavies, US 3 und Galliano; das deutsche Acid-Jazz-Zentrum ist der Hamburger ‚Mojo Club'.

Hypen ist im übrigen nichts Neues: Schon in den 60er Jahren berichteten die britischen Medien häufig und gern, wie sehr sich Mods und Rocker angeblich haßten. Am Ende konnten die gar nicht mehr anders und bekämpften sich wirklich bis aufs Messer. Einen nicht unwesentlichen Teil der berühmten Schlachten in den englischen Seebädern haben die Medien also eigentlich erst herbeigeredet.[3]

Für die Verbreitung von Jugendkultur sind Fernsehen und Zeitschriften am wichtigsten. Das Radio ist weniger prägend, weil es keine Bilder zeigen und die optisch dominierte Jugendkultur weniger gut vermitteln kann. Deshalb werden wir im Rahmen dieses Buches das Radio nicht näher betrachten – obwohl es immerhin noch großen Einfluß auf die Popmusik hat: Durch häufiges Abspielen können nach wie vor Hits gemacht werden.

Die Jugendlichen in Deutschland sitzen gern vor dem Fernseher. 71 Prozent der 12- bis 29jährigen tun es täglich.[4] 84 Prozent sind's bei den 12- bis 13jährigen, die Zahl sinkt dann bis hin zu den 22- bis 23jährigen auf 57 Prozent ab, steigt aber bis zu den Endzwanzigern wieder auf 81 Prozent an.[5] Die 12- bis 16jährigen zum Beispiel nutzen den Apparat pro Tag etwa zwei Stunden und 16 Minuten.[6] Nach einer Umfrage von 1994 nannten 93 Prozent der 6- bis 17jährigen Fernsehen als eine ihrer Lieblingsbeschäftigungen.[7] Der Freizeitforscher Horst W. Opaschowski hat bereits 1983 ausgerechnet, daß ein 18jähriger in seinem Leben 12 000 Stunden in der Schule, aber 13 000 Stunden vor dem Fernseher verbracht hat.[8]

Wir haben bewußt gesagt, die Jugendlichen „sitzen vor dem Fernseher", nicht etwa: sie „sehen fern". Denn die Fernsehgewohnheiten haben sich ja in der gesamten Gesellschaft rapide geändert. Das Phänomen der Zapper und TV-Hopper macht sich besonders bei Jugendlichen bemerkbar. Ferngesehen wird immer seltener nach dem traditionellen Schema – einschalten, Informationen aufnehmen, Sendung zu Ende, ausschalten. Fernsehen wird vielmehr zu einer munteren und mittlerweile rund um die Uhr verfügbaren Bilderwelt, zu einer Art von permanentem Grundrauschen im Stimmengewirr der Zivilisation. Man ist nicht dazu verpflichtet, Anfang oder Ende einer Sendung zu beachten, konzentriert zuzuschauen oder gar Informationen zu verarbeiten. Wenn einem etwas nicht mehr gefällt, zappt man per Fernbedienung auf einen anderen Sender. Irgendwo ist immer was los. Und wenn gar nichts läuft, telefoniert man eben oder duscht oder…

Jugendliche sehen allerdings zu anderen Zeiten fern als Erwachsene – und damit meinen wir nicht nur den Nachmittag nach den Schularbeiten. Blättert man durch die Programmzeitschriften, entdeckt man zahlreiche Sendungen, die erst gegen Mitternacht oder sogar lange danach beginnen und sich fast ausnahmslos an junge Leute wenden. Mitte 1994 waren das zum Beispiel bei RTL die Comedy Show ‚Samstag Nacht' sowie ‚Eine schrecklich nette Familie' oder ‚Wer ist hier der Boß?' und auf SAT.1 ‚Deep Space Nine' oder ‚Catwalk'. Der Grund für diese Sendezeit: Jugendliche setzen sich oft zum Absacken vors Fernsehen, wenn sie aus der Kneipe, der Disco oder von Freunden nach Hause kommen. Das ist vor allem in erlebnisorientierten Szenen üblich, wo man als „Loser" dastünde, wenn man um acht Uhr abends wirklich nichts anderes vorhätte als – womöglich mit den Eltern zusammen – fernzusehen. Und wenn da wirklich mal was Interessantes läuft, hat man ja immer noch den Videorecorder.

Obwohl Jugendliche häufig nur mit einem Ohr und einem Auge zuschauen, erheben sie bestimmte Sendungen oder Fernsehstars bedingungslos zu Kultobjekten. → Kult waren 1994 die vieldiskutierten ‚Beavis & Butthead' (MTV) und ‚Eine schrecklich nette Familie' (RTL) (zu deren Konzept siehe Kapitel IV.3.), ‚Melrose Place' (RTL), ‚Beverly Hills, 90210' (RTL) und natürlich, selbst in intellektuellen Szenen, die ‚Lindenstraße' (WDR).

Kult

Fast religiöse Verehrung für bestimmte Filme, Platten, Stars oder was auch immer. Wenn eine Szene sich darauf einigt, eine bestimmte Sache von nun an kritiklos zu verehren, wird sie zum Kult und damit „kult" oder „kultig". Kult werden meist Kulturprodukte, die bis dahin nicht besonders bekannt oder erfolgreich sind oder waren. Je unbekannter, desto reizvoller ist es für eine abgeschlossene Szene, gerade diese Sache zu entdecken. Durch die Verkultung schaffen sich Szenen einen Olymp von verehrungswürdigen Symbolen. So sind unter Cineasten die Filme der „Schwarzen Serie" Kult, unter Musikliebhabern die Gruppe Velvet Underground, bei Fans von bestimmten Fernsehserien die jeweils allererste Folge. Besonders Anfang der 90er Jahre wurde der Begriff Kult wie auch „kultig" so inflationär verwendet, daß eine gewisse Übersättigung eingetreten ist.

Kultsendungen können dazu beitragen, daß sich neue Szenen bilden. Angeheizt durch ‚Beavis & Butthead'-Schallplatten, -T-Shirts, -Comics und -Partys hat sich zum Beispiel eine echte

,Beavis & Butthead'-Kultgemeinde gebildet. Auch Al Bundy aus der ,Schrecklich netten Familie' wurden schon öffentliche Partys gewidmet, bei denen unter anderem Doppelgänger, sogenannte „Lookalikes", der echten Stars prämiert wurden. Und der gesamte Komplex ,Raumschiff Enterprise/Star Trek' hat bekanntlich schon seit Jahren eine Fan-Gemeinde, die sogar internationale Kongresse abhält.

Man trifft hier auf ein Grundmuster der Jugendkultur, das uns noch öfter beschäftigen wird: den Wellen-Mechanismus. Jedes Phänomen der Jugendkultur, das in irgendeiner Weise erfolgreich und massenwirksam ist, zieht sofort eine Welle kommerzieller Ausschlachtung und Nachahmung nach sich. Dieser Mechanismus griff noch nie so konsequent wie in den 90er Jahren; die Ausweitung von Trends findet seither unweigerlich und automatisch statt: Man kann sich die Jugendkultur als einen großen Teich vorstellen, in den ständig Steine hineingeworfen werden und in dem sich daraufhin Wellenbewegungen ausbreiten, die nach einer Weile abebben (Kapitel III.1.) *Wer* die Steine wirft, ist dabei kaum festzustellen.

Echt Kult sind mittlerweile auch die beiden Sender, die sich am nachhaltigsten auf die Fernsehgewohnheiten der jungen Fernsehzuschauer eingestellt haben: MTV und Viva.

Neues Jugend-TV: Der Abschied von den Einzelsendungen

Mola, farbiger Viva-Moderator, streift in blauem Hemd und blauen Jeans über einen Flohmarkt, die Kamera hinterher. Immer wieder dreht er sich um und kommentiert sein wichtiges Tun: „Ich kaufe jetzt einen gebrauchten Wecker." Er schleicht auf einen Stand zu. Dann wird plötzlich ein Video eingeblendet: Mariah Carey räkelt sich lasziv für alle ihre ,Dream Lover'. Dann folgt ein Spot für Ultraleicht-Binden mit Auslaufschutz – „Das ist einfach eine geniale Idee!" –, und schon sind wir wieder bei Mola. Er tut so, als würde es der Verkäufer nicht bemerken, wenn er in die Kamera flüstert: „Ich werde mal versuchen, ihn herunterzuhandeln." Er versucht's, und der Händler, ganz offensichtlich gekauft, geht darauf ein. Mola ist froh. Und

Viva-Moderator Mola: Fernsehen wie das richtige Leben.

deshalb folgt noch ein Video: ZZ Top und das gute alte Gitarrengesäge von ‚Sharp Dressed Man'.

Dann wieder Mola, der von herumstehenden Jugendlichen wissen will, ob sie ihn ebenfalls „scharf angezogen" finden. Schüchterne Antworten: „Ja, klar." Was denn ihr Lieblingsvideo sei, bedrängt Mola daraufhin eine etwa 16jährige blasse Blonde. „Pet Shop Boys", stammelt sie. „Welches Video denn von denen?" Mola behält die Fassung, da es sich ja um echte Existenzfragen handelt. „‚Go West'", kommt es über die dünnen Lippchen. „Und das sehen wir jetzt", jubelt Mola, sichtlich erleichtert, die dröge Gesprächspartnerin los zu sein.

Der Mann, der für Sendungen nach diesem Muster verantwortlich zeichnet, sitzt in einem unprätentiösen, modernen Büro im Industrieviertel von Köln-Ossendorf, trägt immer noch am liebsten die klassische schwarze Lederjacke und kann reden wie ein Wasserfall. Dieter Gorny (Jahrgang '53) ist Geschäftsführer des deutschen Popsenders Viva, der seit Dezember 1993 rund um die Uhr ein überraschend erfolgreiches Programm ausstrahlt, das zur Zeit noch vornehmlich aus Videoclips besteht, sich aber zu einem vollwertigen Programm für junge Szenen entwickeln soll. Viva gehört zu je 19,8 Prozent vier – von überhaupt nur fünf – großen deutschen Plattenfirmen: Warner, PolyGram, Thorn EMI und Sony.[9] Mitte 1994 erreichte der Sender 13,3 Millionen Haushalte in Deutschland und war damit dem britischen Konkurrenten MTV Europe (14,5 Mio.) knapp auf den Fersen.

Das grundsätzlich Neue an MTV und Viva ist jedoch weder die unkonventionelle Moderationsweise noch die optische Reizüberflutung durch die Videoclips. Vielmehr haben beide Sender das Ende der Einzelsendungen eingeläutet, an die sich der normale Fernsehzuschauer seit 40 Jahren gewöhnt hat. MTV und Viva sind eine einzige große Sendung, die rund um die Uhr läuft. „Viva ist die Botschaft, die aus verschiedenen Facetten besteht", erklärt Gorny das Prinzip des bunten Mischmaschs aus Videoclips, Mode und Talkrunden mit Popstars. „Die einzelnen Elemente sind nur dazu da, um überhaupt programmzeitschriftfähig zu sein." Spezialsendungen wie ‚Housefrau' (House- und Technoszene) strukturieren diese Einheitlichkeit lediglich. Gorny: „Die Schwerpunktsendungen ziehen Fans an, das sieht man an den Zuschriften. Sie müssen allerdings so gemacht werden, daß sie *auch* Viva sind. Sonst entwickelt man sich zu einem ganz normalen Fernsehsender wie jeder andere auch."[10]

Vorgemacht hat das MTV Europe. Hier funktionierte das Prinzip „Einschalten, wann und wie lange man will" zum ersten Mal. In Großbritannien entscheiden sich die Schicksale bestimmter Schallplatten mittlerweile allein durch ihre Präsenz auf MTV. Es gibt Popgruppen, wie etwa die Pet Shop Boys, die völlig auf herkömmliche Promotiontours nebst Interviews verzichten – zugunsten massierter Anwesenheit auf MTV. Wer mit seinem Video in der „Heavy Rotation" ist, wird 25mal in der Woche gespielt – und hat damit seinen Hit so gut wie in der Tasche.

Probleme bekommen dadurch vor allem die Jugend- und Popsendungen der übrigen Sender, besonders die der öffentlich-rechtlichen. Christoph Post, Ex-Viva-Programmchef: „Es ist wahnsinnig schwer, dagegen anzukommen, weil MTV gezeigt hat, daß man 24 Stunden, sieben Tage pro Woche ein Programm mit äußerster Programmsicherheit machen kann. Bei einem Programm mit Popkultur, wie Viva und MTV es sind, da mag man es einfach, daß man es sich tröpfchenweise holen kann, daß man einfach einsteigt, und dann steigt man aber auch wieder aus und guckt was anderes."[11]

Kritiker nennen so etwas oberflächlich, substanzlos und berieselnd. Wer das behauptet, geht aber noch von der klassischen TV-Nutzung, von gezielt gewählter Unterhaltung oder Information aus. Dreh- und Angelpunkt dieser neuen Form von Fernsehen ist jedoch nicht die einzelne Sendung, sondern der Sender, letztlich sogar das Medium selbst. Fernsehen wird zu einer Welt, die man zu irgendeinem Zeitpunkt betritt und mit dem Aus-Knopf wieder verläßt. Nie war Marshall McLuhans berühmter Satz „The medium is the message" (Das Medium ist die Botschaft) so treffend wie heute. Nie hat Jugendkultur so nachhaltig die Struktur des Fernsehens verändert. Und umgekehrt.

Von Bravo bis Tempo: Jugendzeitschriften

Für Zeitschriften haben die Jugendlichen in Deutschland weniger Zeit als fürs Fernsehen: 13- bis 16jährige etwa lesen am Tag ca. zwei Stunden, vor allem Bücher und Zeitungen, aber lediglich etwa 13 Minuten Jugendzeitschriften, Illustrierte, Romanhefte und Comics. Die Hälfte der Befragten hatte im Haushalt regelmäßig oder gelegentlich Jugendzeitschriften zur Verfügung. 50 Prozent der Jugendlichen nannten dabei ‚Bravo', ebenfalls genannt wurden die Gattung „Mädchenhefte" (10,3 Prozent) sowie die Titel ‚Pop' (heute ‚Pop-Rocky' 9,3 Prozent) und ‚Popcorn' (8,9 Prozent). Diese Magazine werden mit zunehmendem Alter verstärkt gelesen, verlieren erst bei den 16jährigen wieder an Interesse.[12]

Die klassischen Teenie-Magazine sind nach wie vor die dominanten Jugendzeitschriften. Sie beherrschen den Markt der bis 20jährigen, erzählen ihnen, wie sie ihren ersten Freund oder ihre erste Freundin finden und wie man gegen Pickel angeht. Besonders erfolgreich waren in den letzten Jahren die Mädchenzeitschriften: Der ‚Bravo'-Ableger ‚Bravo Girl' erscheint 14tägig und steigerte in sechs Jahren seine Auflage von 415 000 auf heute knapp 740 000 verkaufte Exemplare. Der Konkurrent ‚Mädchen', auch alle zwei Wochen am Kiosk, konnte seine Auflage innerhalb von sieben Jahren von 134 000 auf etwa 493 000 erhöhen – ein boomender Markt.[13]

Die wichtigsten Zeitschriften, die sich speziell an die Zielgruppe der 20- bis 30jährigen wenden, sind die Stadtillustrierten. Herausgewachsen aus einer linksalternativen Kultur, bieten sie Monat für Monat die Termine der wichtigsten Veranstaltungen in der Stadt, Artikel zu Musik, Film, Theater und Kommunalpolitik, Kontaktanzeigen und vieles mehr. Eine neue Art von Stadtillustrierte dagegen ist ‚Prinz'. Das Konzept der ehemals nur im Ruhrgebiet erscheinenden Zeitschrift wird jezt in zehn deutschen Großstädten mit einer verkauften Gesamtauflage von etwa 200 000 Exemplaren gefahren. Der überregionale Teil ist, ähnlich wie bei den Tageszeitungen, in allen Ausgaben gleich, der regionale Teil dagegen jeweils speziell von einer Redaktionsmannschaft vor Ort erstellt. ‚Prinz' hat sich mittlerweile sehr weit von seinen Anfängen als linke Stadtzeitung entfernt und damit einen Trend markiert, dem viele Stadtillus folgen: mehr Farbfotos, weniger Politik, mehr Star-Rummel und Klatsch und damit ein attraktiveres Umfeld für Markenwerbung – denn auf die Gelder der Industrie ist man letztendlich angewiesen.

Aus Zeitschriften erfährt man nach wie vor am besten das Allerneueste aus der Welt der Jugendkultur. Sie sind spezialisierter und unabhängiger als das schwerfälligere Fernsehen. Die Informativsten seien deshalb noch einmal genannt; Angaben über die Auflagenentwicklung beziehen sich jeweils auf den Vergleich mit dem Vorjahr:

Bravo

Die klassische und immer noch verbreitetste und wichtigste Teenager-Zeitschrift; Inhalt vor allem Musik, Mode, Film, Fernsehstars, Pubertätsprobleme. Verkaufte Auflage im 2. Quartal 1994: 1 300 242 Exemplare (Tendenz: steigend).

Bravo Girl

,Bravo'-Ableger, der speziell auf Mädchen zugeschnitten ist; daher ein höherer Anteil an Mode und Kosmetik. Verkaufte Auflage im 2. Quartal 1994: 738 491 Exemplare (Tendenz: steigend).

The Face

Londoner Trendmagazin, das vor allem im Bereich des Layouts und der Fotoästhetik international wegweisend ist und dementsprechend oft kopiert wurde. Ähnliches, aber etwas breiteres Themenspektrum als ,i-D' (s. u.); nur an internationalen Bahnhofskiosken erhältlich.

Fit For Fun

Magazin für Sport, Fitneß und Freizeit. Auch junge Trendsportarten sind regelmäßig vertreten. Geschätzte verkaufte Auflage im 2. Quartal 1994: 500 000 Exemplare (Tendenz: steigend).

Frontpage

Führendes Magazin der deutschen Techno-Szene. Sehr progressive und typische Techno-Optik, ausgesprochen insiderhafte Berichte über Partys, Discos und Discjockeys (erhältlich an gutsortierten Kiosken oder im Abo bei Frontpage, Motzstraße 5, 10777 Berlin, Tel.: 0 30/23 55 55-0). Verkaufte Auflage nach Eigenangabe: etwa 70 000 Exemplare (Tendenz ausgeglichen).

i-D

Progressives Trend-Magazin aus London, bietet immer das Allerneueste aus Mode, Musik und Dancefloor-Szene (nur an internationalen Bahnhofskiosken erhältlich).

Mädchen

Konkurrent von ‚Bravo Girl‘, ähnliches Themenspektrum. Verkaufte Auflage im 2. Quartal 1994: 493 440 Exemplare (Tendenz: steigend).

Musik Express

Klassisches, aber etwas angejahrtes deutsches Musikmagazin, das sich um die breiteren, kommerziellen Musiktrends kümmert. Leichter lesbar als die Spezialmagazine. Verkaufte Auflage im 2. Quartal 1994: 108 436 Exemplare (Tendenz: fallend).

Popcorn

Konkurrent von ‚Bravo‘, Themenspektrum auf etwas Ältere zugeschnitten. Verkaufte Auflage im 2. Quartal 1994: 381 436 Exemplare (Tendenz: steigend).

PopRocky

Konkurrent von ‚Bravo‘, ähnliches Themenspektrum. Verkaufte Auflage im 2. Quartal 1994: 227 430 Exemplare (Tendenz: steigend).

Powerplay

Führend im Bereich Computerspiele. Locker-lakonisch im Stil, reich und bunt illustriert und auch für Nicht-Informatiker sofort verständlich. Verkaufte Auflage im 2. Quartal 1994: 130 280 Exemplare (Tendenz: fallend).

Prinz

Stadtillustrierten-Kette (siehe S. 43). Verkaufte Auflage im 2. Quartal 1994: 202 944 Exemplare (Tendenz: fallend).

Raveline

Techno-Magazin der Ruhrgebietsszene, deckt aber auch den Rest der Republik ab. Wie ‚Frontpage‘ typische Techno-Computer-Grafik und insiderhafte Berichte; erhältlich an gutsortierten Kiosken oder im Abo bei Raveline, Horster Straße 36,

45897 Gelsenkirchen, Tel.: 02 09/9 33 32-0). Verkaufte Auflage nach Eigenangabe: etwa 55 000 Exemplare (Tendenz: steigend).

Spex

Intellektuell anspruchsvolles Spezialmagazin für Underground-Kultur, vor allem für neue Musiktrends. Hoher Textanteil, ohne Vorkenntnisse kaum konsumierbar, aber extrem informativ. Verkaufte Auflage im 2. Quartal 1994: ca. 20 000 Exemplare (Tendenz: steigend).

Sports Life

Eines der wichtigsten Sportmagazine, das sich nicht nur auf eine oder wenige Sportarten beschränkt. Auch junge Trendsportarten sind regelmäßig vertreten. Verkaufte Auflage im 2. Quartal 1994: 148 047 Exemplare (Tendenz: steigend).

Wie Jugendkultur die Zeitschriften prägt

Das Kapitel über Medien hat möglicherweise bislang den Eindruck erweckt, als seien Jugendliche nur willenlose, manipulierbare Konsumenten. Das ist falsch. Die Medien berieseln die Jugendlichen ja nicht etwa nur nach Belieben, sie sind vielmehr selbst Teil der Jugendkultur geworden. So wird vor allem ihre Form nachhaltig von den Vorstellungen und Werten ihrer jungen Konsumenten geprägt. Jugend nimmt nicht nur passiv auf, sondern verändert auch aktiv das Gesicht der Medienlandschaft – besonders im Bereich der Zeitschriften.

Denn obwohl Jugendliche immer weniger lesen, stammen doch die progressivsten neuen Zeitschriften-Konzepte aus ihrer Welt. Die Neuerungen betreffen allerdings weniger den Inhalt, sondern vor allem die Ästhetik, das Zusammenspiel von Text, Grafik und Fotos.

Ein kurzer Rückblick: Mitte der 80er Jahre war die Zeitschriftenwelt für junge Leute noch klar geordnet. Es gab Teenie-Magazine wie ,Bravo', Spezialmagazine für Popmusik oder Mode sowie konfessionell oder gewerkschaftlich gebundene Jugendzeitschriften, Illustrierte hießen damals ,Stern' und

‚Bunte'. Dann kamen 1986 ‚Tempo' und ‚Wiener' – hochmoderne, sogenannte Zeitgeist-Magazine für die jungen Großstädter. Schöner Schein war angesagt, Bilder waren alles. Inspiriert von englischen Vorbildern wie ‚The Face' experimentierte ‚Tempo'-Art-Director Lo Breier mit der Typographie – die Texte wurden zur Nebensache. Hauptsache, sie waren irgendwie provozierend. Die bunte Mixtur aus Mode, Lifestyle, Nachtleben und Sex, garniert mit ein paar neo-feuilletonistischen Aufsätzen, polarisierte die jungen Szenen wie keine Illustrierte zuvor: Die einen waren begeistert und richteten ihre Konsumgewohnheiten an ‚Tempo' und ‚Wiener' aus. Die anderen reagierten angewidert angesichts einer solchen yuppiehaften Oberflächlichkeit.

Dabei lag hier dasselbe Mißverständnis zugrunde wie später bei der Kritik an MTV und Viva. Man ging immer noch von der stillen Annahme aus, daß Texte das Eigentliche zu sein hatten und bei Bedarf durch Fotos und Grafik vertieft werden könnten. Bei der neuen Generation von Jugendzeitschriften ist es jedoch genau umgekehrt: Sie werden ihre Botschaften vor allem durch Bilder los. Entsprechend wichtig ist die optische Aufmachung.

Sowohl den ‚Wiener' als auch ‚Tempo' – im April 1996 vom Jahreszeitenverlag eingestellt – gibt es mittlerweile nicht mehr: Die glamourösen Yuppie-Zeiten sind eben vorbei. Trotzdem hat ihr Gestaltungsprinzip überlebt und wird auch heute, vielleicht sogar konsequenter noch, von jungen Magazinen wie ‚Prinz' übernommen. Dies Prinzip heißt: Wir denken uns eine Welt mit allen dazugehörigen Bildern, Atmosphären, Gefühlen aus und suchen dann in der Realität nach Stoff, der uns hilft, diese Welt zu erschaffen. Ein solches Magazin wird wie ein Markenartikel produziert, von dem man immer dieselbe Qualität, aber keine Überraschungen erwartet. Die reale Wirklichkeit tritt darin völlig zurück. ‚Prinz' veröffentlichte im Juni 1993 ein Interview mit Herbert Grönemeyer, bei dem der Text ohne Spaltentrennung über die gesamte Breite der Seite lief; regelmäßig änderten zudem die Buchstaben Größe und Farbe – ein Stilmittel, das traditionelles Lesen erheblich erschwert.

Trotzdem wurden ausgerechnet dieses Layout vom deutschen Art Directors Club (ADC), einem Zusammenschluß der in Printmedien und Werbung tätigen Grafiker, ausgezeichnet.

Die von ‚Tempo‘ und ‚Wiener‘ in Deutschland eingeläutete Bilderwelten-Bewegung wirkte allerdings nur im Bereich der großen Publikumszeitschriften revolutionär. Der Zeitschriften-Underground kannte das Prinzip der totalen Ästhetisierung schon länger – nämlich seit den Tagen der ersten Punk-Fanzines.

Fanzine

Zusammengesetzt aus „Fan" und „Magazine". Fan-Magazine, die von unprofessionellen Machern für Mitglieder ganz bestimmter Szenen erstellt werden. Fanzines sind unkommerziell, spontan, haben oft keine regelmäßigen Erscheinungstermine und wenden sich an Insider. Die graphische Gestaltung ist unkonventionell und ohne Zugeständnisse an marktgängige Optik. Fanzines gibt es vor allem zu Popmusik, Kunst, Literatur, Fußball und Film. Allein im Bereich Popmusik wird die Zahl der deutschen Fanzines auf etwa 250 geschätzt. Einen interessanten internationalen Überblick über die Titel und die entsprechenden Bezugsquellen bietet Richard Kadrey in seinem Buch ‚covert culture‘.

→ Fanzines kannten nie Trennungen zwischen Text, Grafik und Werbung. Sie waren immer eine einzige erregende Spielfläche für die absonderlichsten Kreationen. Die Leser der Fanzines kamen und kommen meist aus kleinen extremen Szenen – sie sind Punker oder Heavy-Metal-Freaks, sind Horrorfilm- oder Fußball-Fans. Hier konnte immer schon gerade das ausprobiert werden, was das große Publikum noch nicht „verkraftete" – und so fanden viele grafische Ideen ihren Weg von den Fanzines in die Jugend- bzw. Zeitgeistmagazine und von dort etwa in die etablierten Medien. So wird etwa die Technik, Buchstaben oder Worte mit der Maschine zu tippen, sie dann auszuschneiden und aufs Layout aufzukleben, heute von großen Zeitschriften wie dem ‚Stern‘ imitiert.

Völlig neue Zeitschriften – Ästhetik: das Techno-Fanzine ‚Frontpage‘.

Medien und Marken, eine wundervolle Partnerschaft

Fernsehen und Zeitschriften stützen das Markenbewußtsein der Jugend. Medien finanzieren sich völlig (private TV-Sender) oder überwiegend (Zeitschriften, Zeitungen) aus Werbeeinnahmen, das weiß jeder. Während Werbung aber traditionell *neben* den redaktionellen Inhalten plaziert wird (z.B. im ‚Spiegel‘ oder in der ‚FAZ‘), wird sie besonders in den Jugendmedien soweit wie möglich integriert. Plötzlich sehen Anzeigen wie Redaktionsseiten aus – und umgekehrt. Logisch: Wenn eine geschlossene künstliche (Marken)Welt suggeriert werden soll, müssen sich auch die Anzeigen und Werbespots einpassen. Bei Sendern wie MTV und Viva ist das ohnehin kein Problem: Die ausgestrahlten Pop-Videos sind kaum noch von den eingeblockten Werbespots zu unterscheiden.

Bekannte Marken präsentieren mittlerweile auch verstärkt ganze Programmsegmente, etwa die ,Coca Cola Eurochart' auf MTV oder die ,Kellogg's Hit Clips' auf Viva. Dieter Gorny betont, daß Spots, die nicht in die Viva-Welt hineinpassen, abgelehnt werden, „etwa für Waschmittel oder Nähmaschinen".

Die Grenzen zwischen redaktioneller Berichterstattung und Werbung verschwimmen zusehends. Kurt Weichler, ehemals Chefredakteur des ,Wiener', erläutert: „Die 20jährigen sind da ganz anders drauf als zum Beispiel meine Generation. Die sind mit Werbung aufgewachsen und daran gewöhnt, daß zum Beispiel Veranstaltungen von Unternehmen gesponsert werden. Und wir nehmen diese Namen nicht mehr wie früher heraus, denn das wäre eine Verfälschung der Wirklichkeit."[14] Und Ex-,Prinz'-Chefredakteur Walter Mayer ergänzt: „Prinz-Leser interessieren sich für eine gute neue Werbekampagne genauso intensiv wie für einen neuen Film. Deshalb ist Werbung auch Objekt unserer redaktionellen Berichterstattung. Ein Spitzen-Art-Direktor ist ein Star wie ein Plattenproduzent."[15]

Geschmeidig paßt sich deshalb heute die Optik der Anzeigen an das Konzept der Trend-Illustrierten an. Teilweise werden Anzeigen sogar speziell für das Layout bestimmter Zeitschriften gestaltet. Dafür kommen die Zeitschriften dann auch der Werbewirtschaft wohlwollend entgegen: ,Prinz' berichtete bereitwillig über Tibor Kalman, der das Benetton-Magazin ,Colors' gestaltet;[16] ,Tempo' hatte gar ein ganzes Ressort „Werbung" eingerichtet, das im Heft völlig gleichberechtigt neben „Musik", „Film", „Literatur" und dergleichen stand. Da wurde die „Kampagne des Monats" gekürt, und Werbespots wurden ganz seriös rezensiert. Ähnliches macht ,Bravo': Jeden Monat wählen die Leser die Anzeige des Monats und Jahr für

Jahr auch einen Jahressieger – 1993 war das übrigens ‚Julia & Romeo' von der Jeansmarke ‚H.I.S.'. Ein Branchen-Witz über die sehr erfolgreiche Illustrierte ‚Max' lautet, sie sei eine hochprofessionelle Anzeigen-Abteilung mit angegliederter Redaktion. Und die Reihe der Witze ließe sich problemlos verlängern.

Gleichzeitig bringen Markenartikler verstärkt Promotion-Magazine heraus, die mit der Marke im engeren Sinne nichts zu tun haben. Sie bauen vielmehr eine Markenwelt auf. ‚Jam' zum Beispiel, das Musikmagazin der Jeansmarke ‚Mustang', berichtet über Pop-Stars wie Grateful Dead und Kate Bush, Idole, die in der Zielgruppe anerkannt sind. Dabei wird dem Leser die Eigenwerbung so unauffällig wie möglich serviert. So werden die Grenzen zwischen Werbung und Redaktion immer durchlässiger und schließlich unkenntlich.

Wer das als platte „Eine Hand wäscht die andere"-Kumpanei abtut, verkennt eines: Marken sind zu einem festen Bezugspunkt der Jugendlichen geworden. Besonders ausgeprägt ist das Markenbewußtsein in den Bereichen Kleidung, Autos/Motorräder, Hi-Fi/Elektrogeräte/Computer, Schuhe/Turnschuhe, Nahrungsmittel, Sportgeräte, Kosmetika, Uhren und Schmuck.[17] Dabei funktionieren die entsprechenden Marken oft völlig unabhängig von ihrem tatsächlichen Qualitätsgrad. Sie gelten eben bei den meisten Jugendlichen automatisch als qualitativ besser als die anderen Marken.[18]

Der Markenfetischismus der jungen Szenen hat deshalb dazu geführt, daß eine Diskussion über Marken heute längst nicht mehr als belanglos aus einer ernsthaften Unterhaltung verbannt wird – nein, Marken werden heute genauso diskutiert wie neue Filme oder Bücher. Werbeleute werden so zu echten Prominenten, und die Erörterung der Werbestrategie von Benetton bewegt mittlerweile die gesamte Nation. Mehr noch: Marken werden zu Instanzen, die Aussagen machen, die Werte schaffen oder vernichten, die provozieren und Reibung erzeugen. Wie wäre es sonst zu erklären, daß in der Hamburger ‚Tunnel-Bar' (Große Freiheit 10) im Herbst 1994 Partys veranstaltet wurden, für die die Bar zu einer kompletten Werbewelt, etwa für

,Always Ultra' oder ,Kinderüberraschungseier', umdekoriert wurde?

2. Sag mir, was du hörst, und ich sag dir, wer du bist! – Popmusik und Szenenbildung

Pop ist überall – und tot!

Wieviel Popmusik hört der Mensch eigentlich am Tag? Das ist nicht genau bekannt, aber sicher mehr, als man denkt. Denn nur noch Taube können ihr heute entkommen. Ob in Kneipen, Kaufhäusern, im Fernsehen oder im Radio – überall macht es bumm-bumm-bumm, als sei das der unvermeidliche Herzschlag des späten 20. Jahrhunderts. Man denke nur an die Werbung: Selbst hartgesottene Klassik-Fans geben zu, schon mal still und heimlich „Ein schööööner Tag" gesummt zu haben, jenen Werbesong, mit dem sich die Diebels-Brauerei 1993/94 nachdrücklich in Erinnerung brachte.

Popmusik hört man heute längst nicht mehr nur auf Schallplatten, bei Konzerten oder im Radio; Popmusik ist zur allgemeinen Benutzeroberfläche unserer Kultur geworden: Mit Popmusik werden Kinofilme unterlegt, Restaurantgäste berieselt und vor allem Waren verkauft. Gerade in der Werbebranche hat man verstanden, was griffige Pop-Refrains ausrichten können. Nahm man früher nur Songs in die Spots, die schon Hits waren – etwa für Levi's – funktioniert es heute auch umgekehrt: Die Musik erfolgreicher Spots wird zusätzlich auf CD in den Markt gedrückt. Nicht selten wurden solche Aufnahmen in letzter Zeit große Hits, z.B. Stephan Massimos ,Anytime And Anywhere' (C&A) oder eben ,Ein schöner Tag'. Und → Sampler wie ,Get It' versammeln sogar ausschließlich Werbehits.

Gleichzeitig hört man aber auch, daß Pop tot sei. So seufzt der renommierte britische Rockkritiker Tony Parsons: „Es ist also vorbei. Die Zukunft verspricht immer komplexere und unwiderstehlichere Spiele. Eine Musik ohne Seele wird keine

Konkurrenz für solche fesselnden Freizeitvergnügen sein können. Pop – die Musik, von der wir glaubten, sie wäre unsterblich, die Basis all dessen, was es hieß, im Westen jung zu sein – war letztlich nur ein kurzer, leuchtender Moment. Das Produkt der letzten paar Dekaden, in denen wir noch an etwas glaubten."[19]

Pop ist überall, und Pop ist tot. Denn Pop ist tot, *weil* Pop überall ist.

Nach wie vor gehört diese Musik in erster Linie der Jugend – auch wenn sogar 50jährige ‚Ein schöööner Tag' summen. Für die Jugend ist Pop traditionell mehr als bloß nette Musik, die man hin und wieder mitträllert. Pop – in seiner gesamten Bandbreite von Rock, Punk und Heavy Metal über Soul und Reggae bis zu Dancefloor und HipHop – ist seit den 50er Jahren das Nonplusultra der Jugendkultur, und Popmusik zu hören ist traditionell die liebste Beschäftigung der Jugendlichen: Satte 97 Prozent der 14- bis 19jährigen in den alten und 95 Prozent in den neuen Bundesländern gaben 1992 an, daß sie in ihrer Freizeit gern „Musik hören".[20] Dieses Interesse ist bei Mädchen und Jungen etwa gleich groß, nimmt allerdings mit steigendem Alter leicht ab.[21] Dabei wurden die Optionen „Pop/Disco-Sound", „Rock" und „Hard Rock" mit weitem Abstand vor „Folk", „Jazz", „Volksmusik" und „Klassik" bevorzugt.[22]

Mit der Popmusik identifizieren sich die Jugendlichen nämlich viel intensiver.[23] Sie ist geradezu eine Art Schlüssel zum

Verständnis ihrer Kultur. Besonders in der Pubertät dient sie als ein Mittel, sich eine eigene Bezugswelt von Symbolen zu schaffen – das fängt mit dem ‚Bravo'-Poster an der Wand an und kann bis zur Mitgliedschaft in solchen Subkulturen reichen, die Popmusik zum zentralen Lebensinhalt hochstilisieren. Um zu verstehen, was Tony Parsons meint, wenn er Pop trotzdem für tot erklärt, müssen wir deshalb tief Luft holen:

We Can Be Together – die klassischen Jahre der Popmusik

Wenn sie sich für eine bestimmte Art der Popmusik entschieden haben, fühlen sich Jugendliche auch zu irgend etwas anderem zugehörig als der bloßen Musik – in den 50er Jahren war das die aus den USA importierte Welt der *Teenager*. Der Rock 'n' Roll – in Deutschland allerdings nur in der entschärften Version à la Ted Herold zu haben – rüttelte ganz bewußt an den Tabus einer konservativen Gesellschaft. Wenn Elvis das Becken kreisen ließ, waren die Eltern entsetzt, und nicht zuletzt deshalb standen die Kids drauf. Rock 'n' Roll handelte von so skandalösen Dingen wie Teenagerliebe, körperbetontem Tanzen, langem Aufbleiben oder von aufsehenerregenden Entenschwanzfrisuren. So schufen sich die Kids ihre eigene Welt, die sich bewußt von jener der Älteren abhob.

Auflehnung gegen die Eltern war dann in den 60er Jahren nicht mehr das eigentliche Thema. Daß Pop den Teenies gehörte, war bereits selbstverständlich geworden – sollten sie doch glücklich damit werden, wenn sie nur nichts Schlimmeres anstellten. Doch gegen Ende des Jahrzehnts rückte die Kritik am Kapitalismus der westlichen Länder in den Mittelpunkt des jugendlichen Interesses, die politische Linke der 68er-Generation und die Hippies von Woodstock hatten das Sagen in der Szene, und die Popmusik übernahm eine neue Aufgabe: Sie wurde der Soundtrack des Protestes, den ein neuer „Underground" formulierte, sammelte alle, die sich in Opposition zum Staat fühlten. ‚We Can Be Together' sang die Hippie-Gruppe Jefferson Airplane damals. Andere Heroen dieser Jahre hießen Jimi Hendrix, Janis Joplin, Rolling Stones oder The Who, und ihre Texte waren nicht minder aufmüpfig. Pop war politisch geworden.

Rebellion gegen die Eltern oder das System prägten die Popmusik dieser klassischen Zeit, die Ende der 70er/Anfang der 80er Jahre endgültig zu Ende ging. Bezeichnend war der solidarisierende Charakter der Popmusik, sie war das Banner, unter dem sich die Jugend zum Kampf sammelte. Natürlich wird Popmusik teilweise auch heute noch aus denselben Gründen gehört, doch spricht sie schon lange nicht mehr für eine geschlossene Generation.

Pop für die Reihenhaussiedlung – die späten Jahre

Bruce Springsteen in der Dortmunder Westfalenhalle, Anfang 1993. Die Halle ist rappelvoll, draußen schieben sich die Wagen aus dem Sauerland auf den bewachten, gebührenpflichtigen Parkplatz. Einige haben eine Rolling-Stones-Zunge neben die Rücklichter geklebt. Die jungen Frauen und Männer, die auf die Halle zuströmen, tragen gepflegten Freizeit-Look: Windjacken, darunter weiße T-Shirts, Blue Jeans, Turnschuhe. In der Schlange dann Gesprächsfetzen: „BAT II A hätte ich dann ...“ – „Es gibt da jetzt von Canon noch 'ne viel bessere ...“ – „... nee, das ist so'n kleiner Friseurladen am Ende von der Rheinischen Straße ...“

Inzwischen kommt drinnen, auf den oberen Sitzrängen des weiten Westfalenhallenrunds, die erste Unruhe auf. Einige Zuschauer stehen vor den Sitzen an der Balustrade und versperren den Sitzenden die Sicht. Sachlich, fast höflich werden sie darauf aufmerksam gemacht. Nach einer Stunde legt der „Boss“ los, natürlich in schwarzer Lederhose und eng geschnittenem Hemd. Röhrt seine Songs von desperaten Abenteuern im „Jungleland“ heraus, von Leuten, die sich „Born To Run“ fühlen, die „Darkness On The Edge Of Town“ gesehen haben. Ordnungsgemäß wird jeder Song bejubelt, die Arme recken sich beim rhythmischen Klatschen.

Während sich Springsteen auf der Bühne verausgabt, bummeln im Außenraum vereinzelte Pärchen an den → Merchandising-Ständen vorbei. Es gibt T- und Sweatshirts mit Bruce-Emblemen, dazu Konzertprogramme, Aufkleber. Und natürlich Pizza und Hot dogs. Das Aufgebot an Sicherheitskräften am Eingang scheint unangemessen zu sein angesichts der willigen Schafherde, die sich drinnen tummelt. Aber man weiß ja nie.

Merchandising

Der Verkauf von Andenken, Postern, Maskottchen, Programmheften, T-Shirts und sonstigen Accessoires aus dem Umfeld der Popmusik. Merchandising findet vor allem bei Live-Konzerten statt. Viele Tourneen rechnen sich für die Veranstalter allein wegen zusätzlicher Einnahmen aus Merchandising.

Und nach einigen einkalkulierten Zugaben ist dann irgendwann einfach Schluß. Zügig, ja teilweise überhastet, verläßt man die Halle – man will schließlich vor dem ganz großen Chaos vom Parkplatz runter. – Pop in den 90ern, das bedeutet große Trostlosigkeit. Mit den Stars ist auch das Publikum satt geworden; die Konzertbesucher an diesem Abend waren mittlerweile alles andere als „Born To Run".

Mainstream

Breiter Massengeschmack. Mainstream ist die jeweils kommerziell vorherrschende Richtung in einer Kultur. In der Popmusik sind das Platten von Phil Collins und Marius Müller-Westernhagen, im Kino Filme von Spielberg oder Zemeckis, in der Mode Jeans von Levi's und Turnschuhe von Adidas. Mainstream wird meist von spezialisierteren Personen als abfälliger Begriff zwecks Abgrenzung benutzt. Auch Mainstream-Konsumenten bekennen sich übrigens nur selten zu ihrem Massengeschmack.

Was bleibt, ist der → Mainstream. Natürlich gibt es daneben immer noch den → Underground. Aber auch dort nutzte sich Pop als Politik längst ab. Spätestens 1972/73 hatte sich die Hippie- und Rolling-Stones-Fraktion verausgabt – gezeichnet durch ihre Erfahrungen mit Drogen, politischem Mißerfolg und ideologischer Zersplitterung. Allenthalben wurde offenbar, daß der linke Protest nicht zum Ziel führte – und immer mehr Jugendliche wandten sich in den Folgejahren ab, haßten die alternden Vorkämpfer mehr als das System, das sowieso unangreifbar schien.

Underground

Sammelbegriff für alle weniger bekannten oder erfolgreichen Stilrichtungen, die sich bewußt von Mainstream absetzen. Mit Underground sind nicht einfach Minderheiten-Stile gemeint, also z. B. Flamenco-Musik oder tschechische Zeichentrickfilme. Das ist kein Underground. Underground liegt erst dann vor, wenn die Stile sich explizit und auch aggressiv gegen den Massengeschmack definieren. Beispiele: Punk oder Experimentalfilm.

Dietrich Eggert, 39, Marketing-Chef bei Rough Trade, der größten deutschen Plattenfirma für → Independent-Platten, hat die alten Zeiten noch erlebt: „Da war Musik alles, da hat man sich über Musik die Köpfe heißgeredet. Heute beschäftigen sich die Leute nicht mehr inhaltlich mit Musik. Auch das Identifizieren mit einer Musikrichtung geht zurück. Die Leute hören einfach das, wofür ihnen die meiste Werbung um den Kopf gehauen wird."[24]

Independent-Platten

Schallplatten von Independent-Plattenfirmen, also unabhängigen Labels. Indie Labels sind in Deutschland strenggenommen alle Labels außer den großen fünf, den sogenannten Majors (Sony, EMI, WEA, PolyGram, BMG Ariola). Independent- oder Indie-Musik als Stilbegriff muß dagegen heute nicht zwingend Musik von unabhängigen Labels bezeichnen. Die Majors nehmen seit einiger Zeit verstärkt ehemalige Indie-Bands unter Vertrag, die ihren Stil natürlich deswegen nicht wesentlich ändern.

In der zweiten Hälfte der 70er Jahre begann die Zeit der Fraktionen, die sich gegenseitig bekämpften: Skins gegen Alternative, Punks gegen Popper, Hardrocker gegen Normalos. Die Jugendkultur wurde zur bunten Spielwiese der verschiedensten Subkulturen, und die Popmusik diente von da an nicht mehr dazu, sich gegen die Elterngeneration oder das System aufzulehnen. Sondern sie wurde zur Erkennungsmelodie, zum kleinsten gemeinsamen Nenner auseinanderdriftender Szenen. Wer Punk hörte, war also Punk, wer gepflegten Pop hörte, war Popper, wer Heavy Metal hörte, war ... Popmusik wurde zum Mittel, sich von anderen Gruppierungen abzusetzen; sie ist seitdem möglicherweise der wichtigste Motor bei der Bildung von Jugendszenen. Im Umfeld neuer Musikrichtungen entstehen am schnellsten geschlossene Gruppierungen, die sich durch Kleidung und Sprache von anderen abheben.

Natürlich hängt der Niedergang der Pop-Ideologie vor allem mit übergreifenden Veränderungen der Jugend zusammen. Es gibt aber in der aktuellen Popmusik drei grundsätzliche Trends, die zusätzlich dazu beitragen, daß Popmusik auch den allerletzten Rest von oppositionellem Touch verliert.

Die Inflation der Musikstile

Das Trendkarussell in der Popmusik dreht sich immer schneller und die Zahl der Neuveröffentlichungen wird immer unüberschaubarer. Ein bestimmter Sound, gestern von einer Band als individuelles Markenzeichen kreiert, ist ein Jahr später nicht selten zu einem eigenständigen neuen Stil avanciert, von dem sich nun fünfzig Bands und mehr ernähren wollen. Die Folge: Kaum eine neue Band hat noch Aussicht, sich ein größeres Stammpublikum aufzubauen. Dietrich Eggert von Rough Trade: „Wenn du vor ein paar Jahren von einer Band, sagen wir mal, 5000 mit der ersten, 15 000 mit der zweiten und 40 000 mit der dritten Platte verkauft hast, fängst du jetzt mit 2500, 3000 an, dann gibt's 5000–6000, und dann kommen höchstens noch 15 000. Es werden immer mehr Platten herausgebracht. Früher hast du zum Beispiel fünf Bands gehabt, die haben zusammen 200 000 Platten verkauft. Heute hast du zehn Bands, die verkaufen immer noch 200 000."[25] Das Phänomen der Eintagsfliege greift also immer weiter um sich. Trotzdem oder gerade deshalb oder um wenigstens ein bißchen Ordnung in den Stil-Dschungel zu bringen, seien hier die wichtigsten Stilrichtungen der aktuellen Popmusik kurz charakterisiert:

Mainstream Pop/Rock

Die Musik des Massengeschmacks. Damit sind die ziemlich eingängigen, glatt produzierten Aufnahmen von Phil Collins, Marius Müller-Westernhagen, Meat Loaf und tausend anderen gemeint. Die Hörer sind in der Regel Leute, die sich nur am Rande für Popmusik interessieren oder einen traditionellen Musikgeschmack haben.

Mainstream Dancefloor

Die Musik der großen Discotheken. Mainstream Dancefloor kombiniert unbedingte Tanzbarkeit (meist durch monotone Computer-Rhythmen erzeugt) mit eingängigen Melodien. Retortenmusik, die auf kurzfristigen Hitparadenerfolg abzielt. Heute heißen die Stars Haddaway, Culture Beat, Dr. Alban – wie heißen sie morgen?

HipHop

Ursprünglich und auch heute noch vorwiegend die Musik der afroamerikanischen Minderheiten in den USA. Dabei wird Sprechgesang, der sogenannte Rap, mit synthetischen, teilweise sehr harten Rhythmen unterlegt. Melodien spielen keine große Rolle. Die Themen der US-HipHopper (z. B. Ice-T, L.L. Cool J, Snoop Doggy Dogg) sind meist Gewalt, Drogen, Sex und die harte Realität in den Gettos. (Näheres siehe Kapitel V.1.)

House/Techno

Am Computer hergestellte Musik, die ausschließlich rhythmische Tanzbarkeit betont. Abwechslung wird vermieden, so daß durch die ständige Wiederholung eines Motivs eine Art Trance-Zustand beim Tanzenden hervorgerufen wird. Gesang gibt es nur ganz selten. Auch die Produzenten, meist Discjockeys, bleiben als Persönlichkeit im Hintergrund; Starkult wird kaum aufgebaut. House-Musik klingt im Vergleich zum mechanischen Techno weicher und organischer. Man unterscheidet zudem noch die Kategorien Gabber-Techno (ultrahart) und Trance-Techno (ruhigere, meditative Klänge, teilweise nicht mehr tanzbar). Die bekanntesten deutschen Techno-Stars sind Westbam, Marusha und Sven Väth. (Näheres siehe Kapitel IV.1.)

Grunge

Gesprochen etwa „gransch". Die Musik der Schmuddelkinder und Neo-Hippies. Dreckiger, rauher Gitarrenrock, der im amerikanischen Seattle geboren wurde. Die Bands, z. B. Pearl Jam, Stone Temple Pilots oder Mudhoney, treten meist in Flohmarktkleidung und mit langen strähnigen Haaren auf. Ihre Botschaft: Verweigert euch der Konsumwelt, lebt euer eigenes Leben! Eine Ikone des Grunge ist Kurt Cobain, der Sänger der bekanntesten Grunge-Gruppe Nirvana; er hat sich im April 1994 mit einem Schrotgewehr erschossen. (Siehe Kapitel III.1.)

Heavy Metal

Harte Musik zu metallischen Gitarrenriffs, die ungebändigte Männlichkeit auf ihre Fahnen geschrieben hat. Der klassische Metaller hat lange Haare, trägt gern schwarzes Leder oder T-Shirts mit den Logos seiner Lieblingsbands. Die bekanntesten Metal-Bands sind heute u. a. Metallica und Sepultura. Deutsche Weichspül-Variante: die Scorpions. Die Bedeutung der Heavy-Metal-Musik sinkt angesichts der Konkurrenz von Grunge und Alternative Rock.

Alternative Rock

Sammelbegriff für alle Mischungen aus Grunge, Heavy Metal und noch härteren Richtungen (Hardcore, Crossover). Alternative Rock verbindet aggressive Musik mit kritischen bis radikalen Aussagen zur Gesellschaft. Prominente Vertreter: Henry Rollins, Biohazard, Rage Against The Machine.

Reggae

Musik aus Jamaika, die auf dem zweiten Schlag betont wird. Hatte in den 70er Jahren mit Bob Marley und der Rasta-Religion ihre große Zeit. In Jamaika mittlerweile nicht mehr, in England und Deutschland aber nach wie vor beliebt. Wichtiger ist heute die Weiterentwicklung Raggamuffin.

Raggamuffin

Eine Mischung aus HipHop und Reggae. Dabei wird ein auf Jamaika entwickelter Sprechgesang, das dem Rap verwandte Toasting, mit meist sehr schnellen, aus dem Reggae stammenden Rhythmen kombiniert. Die häufig offen chauvinistischen Toaster thematisieren meist kriminelle Gewalt und Sex. In Deutschland sind vor allem Chaka Demus & Pliers und Shaggy mit Raggamuffin erfolgreich.

Dancefloor Jazz

Der gute alte Jazz, auf tanzbar gemacht. Kombiniert werden die Jazz-Elemente unter anderem mit HipHop. Dancefloor Jazz, auch als Acid Jazz bekannt, ist vor allem eine Musik für

Je schriller, je besser: Kultstars The Mummies.

kleine Club-Discos, die Wert auf Exklusivität und Insidertum legen. Mittlerweile entsteht auch in deutschen Großstädten – nach dem Vorbild Londons – eine eigene Club-Jazz-Szene. Besonders bekannt wurden die Platten von Guru und US 3 sowie die Mojo Club-Sampler.

Independent-Musik

Sammelbegriff für alle Underground-Stilrichtungen, die von den unabhängigen Schallplattenfirmen herausgebracht werden. Im engeren Sinne versteht man darunter meist gitarrenorientierten, unkonventionellen Rock, der sich an ein diffus oppositionelles Insiderpublikum wendet. Vertreter: Einstürzende Neubauten, Pavement, Nick Cave.

Jungle

Auch Breakbeat genannt. Mischung aus Techno, HipHop und Raggamuffin mit sehr schnellen Rhythmen, die entfernt an Dschungel-Percussion erinnern – daher der Name. Jungle kommt aus den Raggamuffin-Szenen Londons und wurde 1994 vor allem mit dem Hit „Incredible" von M-Beat und General Levy auch international populär.

Nutznießer der Stilverwirrung: die Altstars

Die oben geschilderte Stilexplosion hat dazu geführt, daß sich das Lager der Popfans spaltet: Die einen bleiben am Puls der Zeit, behalten den Überblick oder spezialisieren sich. Die anderen, meist ältere Hörer, verlieren den Anschluß und klammern sich an ihre alten Helden. Dieses Phänomen ist in Deutschland besonders ausgeprägt: Seit etwa zehn Jahren hat sich eine Clique von Superstars zusammengefunden, die in Deutschland unbändig viele Platten verkauft und bei Konzerten sogar große Stadien füllt. In diesen Club werden nur sehr selten neue Mitglieder aufgenommen. Die Stammbesetzung: Michael Jackson, Rolling Stones, Tina Turner, ZZ Top, Pink Floyd, Genesis, Phil Collins, Joe Cocker, Eric Clapton und von der deutschen Fraktion Herbert Grönemeyer und Marius Müller-Westernhagen.

Diese Dinosaurier wenden sich an die große Masse der Sicherheitsdenker. Daß sie als Vertreter des Reihenhaus-Pop heute keine oppositionellen Ideologien mehr entfalten, das macht ja nichts. Oder?

Music About Sounds – die Funktionalisierung der Popmusik

Die Mehrzahl der Musikrichtungen hat sich von der gesungenen oder gespielten *Melodie* verabschiedet. Das betrifft besonders die Techno/House-Musik. Für Nichteingeweihte ist Techno einfach maschinell erzeugter, unmusikalischer Lärm: „Das ist Krach, aber keine Musik mehr", ist der klassische Vorwurf aller Ahnungslosen. Sie erkennen nicht, daß sich in Techno/House ein ganz grundlegender Wandel der Popmusik vollzieht. Es ist tatsächlich keine Musik mehr im klassischen Sinne, also keine Aufeinanderfolge von Tönen. Sondern purer Sound – eine Fülle von Klängen, die sich gut anhören – und Rhythmus, der zum Selbstzweck geworden ist. Denn diese Musik dient zum Tanzen. Oder zum Tanzen und allenfalls auch zum Tanzen. Es ist die absolut funktionalisierte Musik, und kein Mensch käme auf die Idee, sie auch mal im eigenen Wohnzimmer aufzulegen.

Diese Funktionalisierung trägt dazu bei, daß weite Teile der Popmusik als Transportmittel von Ideologien ausfallen. Was das Zukunftspotential von Techno angeht, schließen wir uns übrigens dem Wort des Pop-Theoretikers Diedrich Diederichsen an: „Eine relevante neue Popmusik erkennt man immer daran, daß ihr nachgesagt wird, da höre sich doch jedes Stück gleich an."[26]

Wie der Pop-Markt in Deutschland aufgeteilt ist

158 Millionen Tonträger, also CDs, Schallplatten und Musikcassetten, wurden 1993 in Deutschland verkauft – trotz Rezession ein Plus von 5,7 Prozent gegenüber dem Vorjahr. Den größten Anteil daran hatte die Popmusik. Wie groß ihr Anteil genau ist, läßt sich nicht exakt feststellen. Eine Auswertung der

Verkaufs-Hitparaden für Longplay-CDs in Deutschland sagt jedoch einiges: Von den 552 meistverkauften Titeln sind gerade mal 48 keine Pop-Platten. Den Löwenanteil davon kann der deutsche Schlager verbuchen (27), es folgen jeweils einige Titel der Bereiche Klassik, Volksmusik, Instrumentalplatten, Chansons usw.[27]

Den deutschen Schallplattenmarkt teilen sich im wesentlichen fünf Konzerne, die auch international an Großkonzerne angeschlossen sind: BMG Ariola, Sony, PolyGram, EMI Electrola und Warner. Diese sogenannten „majors" halten – nach massiven Firmenaufkäufen in den vergangenen Jahren – etwa 80 Prozent des deutschen Tonträgermarktes.

Die kleineren Firmen – die größte unter ihnen ist Rough Trade mit einem Umsatz von 35 Millionen Mark (1993) – nennt man unabhängige Firmen oder „independent" bzw. „indie labels". Sie sind in der Regel die Schrittmacher für neue Trends, da sie größere Risiken bei Neuentdeckungen eingehen und besser an die musikalischen Insider-Szenen angekoppelt sind – was nicht bedeutet, daß „majors" grundsätzlich keine innovative Musik im Programm haben. Gerade in den letzten Jahren sind die Grenzen zwischen Mainstream und Underground merklich aufgeweicht. Bestes Beispiel: der große kommerzielle Erfolg der amerikanischen Band Nirvana, die mit rauher, scheinbar unkommerzieller Musik an die Spitze der internationalen Hitparaden rückte.

3. Kleider machen Szenen – die Rolle der Mode

Die Identität auf der Haut

Die richtige Mode zu tragen, ist harte Arbeit. Mode und Styling sind elementare Lebensäußerungen der jugendlichen Identität – und dementsprechend sensibel zu handhaben. Jede Szene hat ihren eigenen Regelkodex, der festschreibt, was man darf und was nicht. Ein solcher Kodex kann kurzlebig oder dauerhaft sein. Ein einziger Sommer, ein Jahr, ein ganzes Jahrzehnt –

die Regeln ändern sich so schnell oder so langsam wie die Szenen, von denen sie geprägt wurden. Denn das Styling orientiert sich schon lange nicht mehr an einem einheitlichen Schönheits-Ideal. Schön ist, was man schön findet.

So mußte ein echter Grunger (siehe auch Kapitel III.1.) im Sommer 1993 zunächst einmal irgendwie abgerissen aussehen. Die Jeans durfte nicht neu sein – oder zumindest nicht so aussehen –, das T-Shirt nur ungebügelt über dem Hosenbund flattern, am besten kombiniert mit einem großkarierten, derben Flanellhemd, und die Füße sollten zwar in Biker-Boots stecken, aber niemals in den auf den ersten Blick recht ähnlichen Cowboy-Stiefeln. Und wer das Knuddel-T-Shirt gar mit einem gebügelten Polo-Shirt von ‚Boss‘ verwechselte, war prestigemäßig tot. Grunge war schließlich eine Szene-Philosophie, die dem demonstrativen „Schöner Leben"-Konsum der 80er Jahre das Gegenteil vorsetzte: die demonstrative optische Konsumverweigerung.

So wie Grunge hat jede Szene ihre typischen Mode- und Styling-Symbole. Das kann von der Hose bis zum Ohrring, von der Tätowierung bis zur Haartracht alles sein, was dem menschlichen Körper angezogen, angesteckt, aufgemalt oder anfrisiert werden kann. Diese Symbole haben eine wichtige Funktion im alltäglichen Umgang mit der eigenen und mit anderen Szenen. Durch die Art, wie man sich stylt, gibt man der eigenen Szene zu verstehen: „Ich bin einer von euch." Wer z. B. gefärbte Windeln um den Hals und Entenschuhe an den Füßen trägt, wird sich sicherlich sofort von einem Träger der gleichen Symbole angezogen fühlen, denn beide zählen zur Szene der Alternativen und sprechen die gleiche Sprache. Anderen Szenen kann dagegen signalisiert werden: „Ich gehöre nicht zu euch." So wird der Alternative Kontakte mit jemandem, der Bomberjacke und Rasiermesser-Schnitt trägt, weitgehend vermeiden – Outfit ermöglicht eine erste Selektion vor jeder Kontaktaufnahme.

Kleidung ist nach wie vor aber auch Statussymbol. In den 90er Jahren freilich ein ganz besonderes: Status wird nicht mehr, wie noch vor zehn Jahren, als materieller Besitz und wirtschaftlicher Erfolg definiert. Status ist heute in den progressiven jugendlichen Szenen durch ideelle Werte zu erreichen. Und höchster Wert ist es in den 90er Jahren, *cool* zu sein. Cool ist nur, wer die *richtigen* Sachen trägt, die Sachen, die von *korrekten* Labels und aus *korrekten* Läden stammen. Man kauft nicht mehr von jedem x-beliebigen Textil-Multi, der womöglich in ausgebeuteten Billiglohn-Ländern Dutzendware produzieren läßt. Und man kauft auch nicht bei irgendwelchen Einzelhändlern, die zwar eine angesagte Marke im Schaufenster haben, ansonsten aber nur uncoole Kopien zu bieten haben, die hastig die aktuellen Trends nachbauen. Wenn man dort von Angehörigen der eigenen Szene gesehen wird, verliert man erstmal für eine Woche das Gesicht. Bei einem solchen Modekonsum wird immer auch ein Stück Ideologie mitgekauft, gewissermaßen ein ideologischer Mehrwert.

Jugendmode ist damit die Visitenkarte der eigenen Person. Als das Münchner Institut für Jugendforschung im Jahre 1992 die Jugendlichen fragte, was Mode für sie und ihr Leben bedeute, antworteten 65 Prozent von ihnen, daß sie Kleidung als „Ausdruck der Persönlichkeit" sähen. Logisch. In der Mode trägt man schließlich alles das, was den ersten Eindruck ausmachen soll, auf der Haut. Da ist der Mittvierziger aus Würzburg nicht anders als der 18jährige Eppendorfer Teenie. Jeder will ja nur sein Bestes.

Was der Mainstream trägt

Wie das Beste allerdings definiert wird, darüber scheiden sich die Geister. Denn die wenigsten haben den Mut, sich provokativ durch Mode abzusetzen. In den meisten jugendlichen Szenen regiert eher risikoscheue, konformistische Allerweltskleidung. Die wird aus vier Gründen gekauft: Erstens ist sie überall zu kriegen, zweitens im Durchschnitt eher billiger als Trend-Mode, drittens zu beinah allen Anlässen tragbar, auch am Arbeitsplatz, und viertens unauffällig. Eben Mainstream. Eine derartige Uniform bestand im Sommer '94 etwa aus:

- Sweatshirt mit einer englischsprachigen, unverbindlichen Aufschrift, etwa „UCLA" oder „Fun Boy". Wichtig: Die Slogans dürfen nicht provozieren;
- Jeans von einer großen Marke, entweder in Denim Blue, Schwarz oder Naturweiß;
- klobigem Schuhwerk, z.B. von ‚caterpillar' oder ‚Panama Jack', schwarz, sandfarben oder hellbraun.

Solcher Mainstream ist nicht trendunabhängig, sondern funktioniert als Sammelbecken ehemals progressiver Modetrends, die mit Zeitverzug und meist deutlich abgemildert bei der breiten Masse ankommen. Marketing-Experten sprechen von der „early majority".

Das ist nicht neu; seit den 50er Jahren hat jedes Jahrzehnt seine typischen Klamotten zur Schau getragen.

Es begann ...

... vor dreißig Jahren. Zumindest hier in Europa. Die amerikanischen Kids hatten ja schon seit den Fifties und Marlon Brandos Rebellen-Epos ‚The Wild One' die Blue Jeans samt schwarzer Lederjacke als Dienstkleidung der Unangepaßten entdeckt. Ebenso das weiße T-Shirt, wie es James Dean in ‚Denn sie wissen nicht, was sie tun' trägt. Ein Kleidungsstil der Arbeiter, Soldaten, Bauern, kurz gesagt, ein Stil, der aus den unteren sozialen Schichten kam, wurde von der Jugend adaptiert. Man dokumentierte dadurch das – was sonst? – Anderssein.

Die 60er Jahre waren eigentlich noch angenehm überschaubar. Man trug Blue Jeans – damals übrigens noch ohne Schlag –, ließ die Haare zaghaft wachsen, hatte Anzüge aus Feincord oder Rippen-Hemden mit halbem Arm und breiten Streifen, und Ende der 60er schwappte dann auch der Minirock mit unwiderstehlicher Gewalt über den europäischen Kontinent: Die Mode wurde sexy, bunt, „spacig" und psychedelisch. Schnell erkannte die Modeindustrie das ungeheure Geld-Potential, das mit den Teens und Twens heranreifte, und bediente es konsequent. Die Londoner Carnaby-Street wurde zum Traumziel der jugendlichen Mode-Fans. Und die Idole, an denen man sich bei der Wahl der Kleidung orientierte, hießen John, Paul, George and Ringo, hießen Che Guevara, ‚Easy Rider‘, The Byrds oder ‚Barbarella‘. Auch der grüne Armee-Parka machte am Ende des Jahrzehnts geradezu atemberaubend Karriere. Man trug den echten mit der Bundeswehrflagge auf dem Arm oder – leider! – nur eine der zahllosen Kopien, vielleicht mit Kaninchenfell-Besatz um die Kapuze oder mit einem selbstgemalten Peace-Zeichen auf dem Rücken.

Die 70er Jahre...

...brachten dann eine Lawine von bizarren und glitzernden Unisex-Kleidungsstilen, die man Glam-Rockern (Glam für „Glamour“) wie Sweet oder Slade abschaute. Der „Lurex-Papst“ David Bowie erstaunte immer wieder durch sein geschlechtsübergreifendes Paradiesvogel-Styling; der durchschnittliche deutsche Teenager griff jedoch lieber zur risikolosen Jeans-Anonymität. Jeans-Latzhosen, Jeans-Overalls, Jeans-Röcke, Jeans-Jacken, Jeans-Hemden. Hauptsache, am Po saß es eng und lief zu den Füßen hin in einem weiten, weiten Schlag aus. Man liebte enganliegende Pullover und Hemden aus Synthetik, bevorzugte Farben wie Orange, Apfelgrün und Rehbraun. Absolutes Muß für den ambitionierten Mode-Freak der frühen 70er Jahre waren Plateau-Sohlen, oft bis zu zehn Zentimeter über Normal-Null. So etwas trugen ja auch die Musiker von Kiss, Slade-Gitarrist Dave Hill und Abba-Mann Björn Ulvaeus.

Diese bizarren Verkleidungsorgien erlebten das Ende des Jahrzehnts nicht mehr. John Travolta machte 1977 den weißen Polyester-Anzug mit schwarzem Hemd in ‚Saturday Night Fever‘ populär, die Disco-Welle samt Philadelphia-Sound überrollte die Welt, und die Kleidung verabschiedete sich in den Jahren danach peu à peu vom Unisex-Look, von großen Kragen und breiten Krawatten. In Großbritannien formierte sich bereits die Gegenbewegung, die maßgeblich in die 80er Jahre wirken sollte: der Punk.

… schleuderten zunächst dem Mode-Normalo zerrissene Strumpfhosen, geschnürte Leder-Jeans, mit Farbe beschmierte und mit Ketten verzierte Lederjacken und den leuchtfarbenen Irokesenschopf ins Gesicht. Punk. Damit sorgte man freilich auch dafür, daß der verunsicherte Durchschnittsmensch, der weder Sicherheitsnadeln in der Wange noch klobige Doc-Marten-Stiefel an den Füßen haben wollte, eher mit der dialektischen Antithese zum Punk sympathisierte: den Poppern. Mohair-Pulli, Karotten-Jeans und italienische Slipper an den Füßen. Trug man Hemd, waren die Kragen klein, die Krawatten bevorzugt aus Leder und ebenso schmal wie die geflochtenen Baumwoll-Gürtel. Popper waren gepflegt, legten Wert auf hochwertige Materialien und arbeiteten rechtschaffen. Damit wurden sie die Ahnen jener Mode- und Lifestyle-Spezies, die den 80ern bedauerlicherweise wie keine andere Szene ihren Stempel aufgedrückt hat: den Yuppies. Die arbeiteten noch härter als die Popper, waren noch gepflegter, noch raffinierter in der Wahl der leiblichen Genüsse und der Urlaubsorte. Und sie waren zeigefreudig hinsichtlich des errackerten Status: Armani-Anzüge, Kenzo-Krawatten, Montana-Hemden, Accessoires wie Manschettenknöpfe, Sockenhalter und Krawattennadeln, kurz: alles, was man in den 70ern als spießig empfunden hatte. Das dokumentierte Erfolg, Power und gesellschaftliche Stellung. Der wirtschaftliche Boom jener Jahre bot dem Yuppie immer wieder Anlaß, den Lebensstil noch ein wenig hedonistischer und das Ambiente noch ein wenig edler zu gestalten. Dann kam die wirtschaftliche und ideologische Talfahrt der späten 80er und frühen 90er. Und die Mode verkehrte sich in das komplette Gegenteil.

Heute …

… gilt nämlich die Maxime, alles anders zu machen. „Die Trends stehen auf low", stellt Barbara Vinken fest, „und aus low wird dann high, während zuvor high in der Mode der Massen zu low herunterkam."[28]

Also beherrschen Dekonstruktivismus, bewußt Unmodernes und Rezessions-Ästhetik die progressive Modebranche. Die Stoffe schlabbern um den Körper, die Farben sind schreiend oder schmutzig, die Materialien strotzen nur so von Polyester und Nylon. Wer heute als → hip gilt, muß die Zeichen der rezessiven Zeiten erkannt haben und darauf reagieren. Man sympathisiert wieder mit Kleidung „von ganz unten". Nicht umsonst sahen die Produzenten amerikanischer Arbeitsklei-dung plötzlich ihre Maurerhosen, Bauarbeiter-Jacken und Bauern-Boots in den angesagtesten Discos und Kneipen von London, San Francisco oder Berlin. Die Trends stehen auf low.

Hip

Wurde spätestens in den 40er Jahren von den amerikanischen Hip-stern eingeführt. Hip ist jemand, der Bescheid weiß, der zum inne-ren Zirkel einer Szene gehört, der immer die neuesten Trends kennt. Hipster machen keine Zugeständnisse an den Massenge-schmack.

Die etablierte Modebranche reagiert höchst unterschiedlich. Während die meisten großen Firmen weiterhin einem auf Paris und Mailand zentriertem Selbstbildnis frönen, nehmen avant-gardistische Designer wie Martin Margiela, Anna Sui oder Ann Demeulemeester diese Anregungen auf. Allerdings für teure Kollektionen, die sich lediglich eine kleine Elite leisten kann. Auf der anderen Seite halten Textil-Discounter wie Hennes & Mauritz in den innovativen Szenen Ausschau nach neuen Trends, um dann in atemberaubend kurzer Zeit kostengünstige Kopien der dort erbeuteten Textilien herzustellen.

Die Oma, die aus dem Regen kam

Besonders gern fahren die Trendforscher nach Hamburg. Denn dort lebt eine der innovativsten Szenen der letzten Jahre, die deutsche Acid-Jazz-Szene. Ihr Hauptquartier hat sie im Ham-burger Mojo-Club. Die zugehörige Mode kommt aus dem

‚Mojo-Shop‘, mitten im heruntergekommenen Schanzenviertel. Niemand würde ahnen, daß hier die avancierteste Disco-Mode der ganzen Republik zu kriegen ist.

Die Schanzenstraße, in der die Mojos ihren Laden haben, trägt ein Make-up aus Reggae-Konzertplakaten, dem Duft orientalischer Gewürze, Fingerfarb-Malereien hinter hohen Sprossenfenstern und Gründerzeit-Fassaden mit Graffiti-Zierat. Kleine Spezialgeschäfte für Küchen und Fleischerbedarf sind Zeugen der Vergangenheit des Viertels, als der Schlachthof das Leben prägte. Die Mojos residieren in einem alten Ladenlokal, in dem niemand schiefe Wände begradigt oder alte Türen ersetzt hat. Ein Hauch von metropolitaner Geschichte, wie man sie auch in London oder Paris findet, hängt über dem Schanzenviertel. Und wie gesagt, der Trend steht auf low.

Im Erdgeschoß liegt der Klamotten-Laden. Hier hängen T-Shirts, Hosen, Kleider. Ganz wie im normalen Einzelhandel. Aber wer hier kauft, kann sicher sein, absolut korrekt gekleidet zu sein.

Der ‚Mojo-Club‘ wurde 1989 von Leif Nüske und Oliver Korthals gegründet. Zuerst war das nur eine Club-Disco auf der Reeperbahn in Hamburg, mittlerweile ist es eine geschlossene Welt aus Mode und Accessoires, aus Musik und Lebensanschauung. Alles was der Mojo-Gänger zum Styling braucht, kriegt er im ‚Mojo-Shop‘.

Elke Bisinger faltet gerade violette ‚Mau-Mau‘-T-Shirts mit der Aufschrift „Faith That Does Not Trouble The Soul“ zusammen. Die sind gerade in einem Karton aus London eingetroffen. In ganz Deutschland gibt es höchstens noch drei weitere Kartons. Elke Bisinger weiß, was sie da in den Händen hält. Denn die im Laden vertretenen Marken – insgesamt nicht mal ein Dutzend – werden von ihr handverlesen. Das Angebot an korrekter Clubwear wird künstlich klein gehalten. Man will ja schließlich nicht, daß „jeder Eppendorfer Teenie“ (Leif Nüske) plötzlich damit rumläuft. Aus diesem Grunde sind hippe Klamottenläden wie der ‚Mojo-Shop‘ zwar kommerzielle Unternehmen, aber keineswegs auf Expansion und Gewinnmaximierung bedacht. Man will exklusive Mode auch exklusiv halten.

Etablierten Club Jazz in Deutschland: Leif Nüske
(rechts) und Oliver Korthals (links), der ‚Mojo-Club‘.

Und deshalb herrscht hier auch eine andere Einkaufspolitik
als bei den Textilmultis: Man kauft Marken, die garantiert nur
an ganz wenige Adressen in Deutschland geliefert werden –
z.B. Kultmarken wie ‚Froquest‘, die in maximal zehn Läden in
ganz Deutschland zu bekommen sind. Diese Läden sind keineswegs an großem Zulauf interessiert. In der Kölner Boutique
‚Da Source‘ weigert man sich zum Beispiel, bestimmte Kleidungsstücke an Kunden zu verkaufen, die man nicht für hip
hält. Und in Bochum floh der Hip-Laden ‚48‘ sogar aus der besten Innenstadtlage und unter dem neuen Namen ‚Rap X‘ an
die Peripherie, weil sich in der City zuviel unglaubwürdige
Kundschaft in den Laden verirrte. Inhaber Martin Margielka:
„Ich habe monatelang hinter einer Mütze aus den USA hertele-

foniert, bis ich sie hatte. Als sie gerade im Schaufenster lag und ich tierisch stolz darauf war, kam eine Oma von der Bushaltestelle rein und kaufte sie. Es hatte nämlich angefangen zu regnen." So was kann zu schweren Peinlichkeiten in der Szene führen. Margielka: „Am nächsten Tag kam dann ein Stammkunde von uns rein und sagte: Hör mal, jetzt laufen ja schon die Omas im Supermarkt mit euren Mützen rum. Echt Scheiße."

Edel-Boutiquen können solche Fauxpas über die Preisgestaltung ausschließen. Für das junge Szenenpublikum muß man sich schon andere Schutzmechanismen ausdenken. Denn „exclusiveness" ist alles. In den progressiven Szenen will man mit sich, mit seinem Wissensvorsprung und seiner Weltanschauung unter seinesgleichen bleiben. Die große Provokation durch das Outfit, wie sie noch in den 80ern von den Punks praktiziert wurde, interessiert heute niemanden mehr. Über Mode kann und will man nicht mehr schockieren. „Hipness" drückt man vielmehr durch das kleine Zeichen, das unauffällige Label am Hosenbund aus.

Oberstes Gebot ist natürlich immer noch, „daß sich die Klamotten vom Mainstream absetzen", betont Elke Bisinger. Dieser Mainstream ist das, was alle anhaben. Und womit sie eben uncool aussehen. Wenn man sich aber mit einem hautengen Polyester-Schlauchkleid mit den drei ‚Adidas'-Streifen auf den Armen ausstaffiert, entweder in Beige/Rot oder in Marine/Weiß, wenn man eine Fellmütze vom Label ‚Los Niños del Parque' überzieht, wenn man oliv-rot-braun gestreifte, halbärmelige Strickhemden von ‚The Duffer Of St. George' trägt, wie sie Jean Gabin oder der eigene Großvater in den 50er Jahren trugen – dann ist man cool. Der Regel-Kodex der Acid-Jazz-Szene bestimmt es so.

Und deshalb gelten auch die Maßstäbe des Mainstream nicht. Ergebnis: Unter traditionellen ästhetischen Gesichtspunkten sehen diese Textilien unattraktiv, schlecht sitzend, schlabberig oder farblich entgleist aus. Aber wer in den korrekten Szenen zu Hause ist, erkennt Gleichgesinnte sofort daran.

Bedenkenlos zugreifen: Mütze von ‚Los Niños
del Parque‘.

Die Rache der Gosse

Einen Namen hat diese Moderichtung natürlich auch: Man
nennt sie „Clubwear", weil es eben Kleidung ist, mit der man
stilgerecht gekleidet ist, wenn man seinen Club besucht.

Die große Frage, die über ihr schwebt – und natürlich die
Produzenten von junger Mode brennend interessiert –, ist: Wie
entsteht eine solche Modeströmung?

„Clubwear ist eigentlich so was wie die kleine Rache der
Gosse", beschreibt Leif Nüske die Gründe für das Aufkommen dieses Stils. Clubwear sieht ja bei unbedarftem Hinsehen
aus, als habe sich jemand in einer Altkleidertüte bedient. Das
ist nicht einmal ganz falsch. Die Wurzeln der Clubwear liegen
in den späten 80ern. Damals entdeckten die HipHopper in den
USA derbe, stabile Arbeitskleidung, „Workwear", die von den
Tief- und Hochbauern getragen wurde und die extremen Bela-

stungen standhalten mußte. Marken wie ‚carhartt‘ tauchten plötzlich nicht mehr am Rand frisch asphaltierter Straßen auf, sondern in den schwarzen Rap-Clubs. Europa importierte diese Marken und kreuzte sie in London mit den enggeschnittenen 60er-Jahre-Hemden und Hosen der → Mods. Das XL (Extra Large) der Workwear inspirierte junge Designer. So begann, was wir hier als Clubwear kennen: eine Fusion aus amerikanischer Workwear und europäischer Club-Mode: eben Clubwear.

Mods

Kürzel für „Modernists“. Eine Jugendkultur in England der frühen und mittleren 60er Jahre. Man pflegte extremen Narzißmus und kultivierte einen bestimmten Kleidungsstil: Armee-Parkas wurden dabei über enggeschnittenen Hochwasserhosen getragen, man fuhr mit Chrom und Spiegeln überladene Vespas und verehrte als musikalische Götter The Who u. U. auch Rod The Mod. Kurzes Revival Ende der 70er Jahre.

Die Quellen der Clubwear können unter Umständen ganz bizarrer Natur sein. Man erzählt sich in Mojo-Szenekreisen immer noch die Geschichte von Barrie K. Sharpe, einem Londoner DJ und Macher des unantastbar korrekten Labels ‚The Duffer Of St. George‘, der nach einem Gastspiel in der Wuppertaler ‚Beatbox‘ noch Shoppen ging. Zu Woolworth. Dort kaufte er 15 Lodenmäntel, die so aussahen, als hätte man sie kunstfasergeilen Frührentnern geklaut. Zurück in London „nähte er einfach sein Label rein“, erinnert sich Leif Nüske, „und verkaufte die Dinger weiter“. Die Mojo-Macher sahen sogar einen dieser Lodenmäntel wieder: an einem anderen Londoner DJ, der zu einem Gastspiel in den ‚Mojo-Club‘ gekommen war.

Er hatte sicher keine Ahnung, woher sein hipper, cooler Mantel ursprünglich stammte. Sondern auf das ‚Duffer Of St. George‘-Label geachtet und daran den Mantel als uneingeschränkt tragbar identifiziert. Label definieren die Existenzberechtigung der Kleidung. Angesagte Label zu kennen, ist die unerläßliche Voraussetzung, um überhaupt coole von uncoolen Klamotten unterscheiden zu können. Denn Ästhetik allein gibt noch keine Sicherheit: Ein Kleidungsstück kann von Schnitt, Material und Dessin vermeintlich völlig korrekt und cool sein – wenn das Label nicht glaubwürdig ist, gibt man es besser gleich in die Altkleidersammlung.

Bedenkenlos zugreifen: Angesagte Label der Club-Jazz-Szene

Mau Mau

Wird in London von drei männlichen Designern geführt. Hat zur Zeit großes Charisma und prägende Ausstrahlung. T-Shirts und Streetwear im allgemeinen stehen im Zentrum der Produktion.

The Duffer Of St. George

Duffer, das Label des bekannten Londoner DJs Barrie K. Sharpe, hat sich bereits einen Platz im Pop-Olymp gesichert: Man stattet exklusiv die Acid-Jazzer Galliano aus. Von der Design-Linie her eher an klassischen Schnitten der 60er Jahre und an Strickmode orientiert. Star in der Club-Jazz-Szene.

Hope And Glory

Ebenfalls in London ansässig. Hope And Glory lieben auffällige Dessins, leuchtende und kontrastierende Farben, Streifen-Look. Und bieten ausschließlich Oberbekleidung an: Hemden, Strickwesten und -jacken.

Gio Goi

Die Mode zur Ragga-Musik. Passend zum sonnigen Karibik-Sound greifen Gio Goi zu bunten, frischen Farben und luftigen Schnitten.

e.b. shabby

Von Mojo-Club-Geschäftsführerin Elke Bisinger entworfen. Club- und Sportswear nicht nur für den Abend im ,Mojo-Club'. Von der Linie her weniger XL geschnitten als vergleichbare Street- und Clubwear.

Stüssy

Klassiker und Platzhirsch der Clubwear-Szene. Benannt nach dem kalifornischen Designer Shawn Stüssy, der in Laguna Beach residiert und mittlerweile zum Darling der Pop-Szene avanciert ist. Inspiriert durch Sonne und Farben der Surfer. Legendär die ‚Stüssy‘-Kappen. ‚Stüssy‘-Logos sind und bleiben (wahrscheinlich) für immer korrekt, obwohl er längst kein Geheimtip mehr ist.

carhartt

Amerikanischer Produzent von Arbeitskleidung, der durch die HipHop-Welle plötzlich zum unfreiwilligen Szene-Schneider wurde. Vor allem warme, derbe Jacken aus grobem Denim sind typisch für ‚carhartt‘.

Jagen also die Kids der 90er Jahre doch nur wieder willenlos und konsumorientiert den Marken nach? Durchaus, aber es sind eben andere Marken, die andere Inhalte symbolisieren. In den 80ern war ‚Lacoste‘ ein Symbol für Geld, Erfolg, Macht. Heute dagegen stehen die korrekten Marken für das Gegenteil: Rezessions-Bewußtsein, Abscheu vor geldgeilem Konsum.

Ideologischer Mehrwert und Kleidungs-Kodizes sind natürlich nicht nur auf die Club-Szene beschränkt. Jede Jugendszene hat ihren eigenen Kleidungscode entwickelt, an dem sich die Szene-Mitglieder erkennen, durch den man seine Persönlichkeit darstellen will und Ideologien zur Schau trägt. Das kann auch bewußte Nicht-Mode sein, denn auch völlig unauffällige Kleidung spricht Bände: Ich will nicht auffallen, mir bedeuten Kleidung und Äußerlichkeiten überhaupt nichts. Wer durch Kleidung keinerlei Botschaft über sich selbst entsenden will, muß nackt herumlaufen. Und selbst das wäre dann eine Botschaft.

4. Mode versus Muskeln – Sport in der Jugendkultur der 90er Jahre

Sport wird traditionell in den meisten Untersuchungen zur Jugendkultur entweder nur stiefmütterlich oder überhaupt nicht behandelt. Dies liegt sicherlich daran, daß Sport immer – und zu Recht – mit Vereinszugehörigkeit assoziiert wurde, die von Erwachsenen geregelt wurde und also keine eigenständige Jugendkultur sein konnte. Heute trifft das so nicht mehr zu. Der Sport hat sich freigeschwommen; die Jugend hat viele Bereiche des Sports den Klauen der Institutionen entrissen und tobt sich nun nach ihren eigenen Gesetzen aus. Rund um den Sport entstehen ganz neue Jugendkulturen.

Die Bedeutung des Sports für die Jugendlichen

Eigentlich dürfte unter den deutschen Jugendlichen niemand mehr Übergewicht haben – denn Sport ist so beliebt wie nie zuvor: 56 Prozent der 13- bis 29jährigen bezeichnen nach der Shell-Studie 1992 Sport als Lieblingsfach in der Schule.[29] Sport gehört nach Lesen, Musik hören und Freunde/Bekannte treffen auch zu den beliebtesten Freizeitbeschäftigungen dieser Altersgruppe. Besonders gern wird – in dieser Reihenfolge – Fahrrad gefahren, Fußball gespielt, geschwommen, Tennis gespielt und geritten.[30] Dabei betreibt man in Westdeutschland nicht nur mehr Sport als im Osten, sondern man wählt unter mehr Sportarten und hat dann auch mehr Spaß daran.[31] Das bestätigt schon die vergleichende Schülerstudie '90. Danach widmen sich 80 Prozent der west-, aber nur 67 Prozent der ostdeutschen Schüler und Schülerinnen in ihrer Freizeit irgendeinem Sport.[32] Bei den Lieblingssportarten ergab sich hier folgende „Hitparade":[33]

	West	Ost
Fußball	29%	23%
Schwimmen	19%	13%
Turnen	18%	18%
Tennis	23%	8%

	West	Ost
Radfahren	16%	14%
Jogging	13%	16%
Tischtennis	13%	5%
Gymnastik	5%	12%

Als Grund für die Unterschiede vermutet die Schülerstudie '90:
„In der DDR, in der bis zur Wende vor allem nur jene sportlichen Talente gefördert wurden, die ‚medaillenverdächtig‘ waren, war der Breitensport benachteiligt. Zudem wurden auch nicht alle Sportarten in gleichem Maße materiell unterstützt. So gab es für DDR-Jugendliche z.B. kaum Möglichkeiten, das auch bei ihnen in den letzten Jahren gewachsene Interesse am Tennis tatsächlich zu befriedigen. Erst in dem Maße, wie nun im Osten Deutschlands Sportclubs entstehen, die tatsächlich dem Freizeitsport verpflichtet sind, wird hier eine Angleichung des Freizeitsportverhaltens erfolgen können."[34]

Beim Sport erfährt der Jugendliche seinen Körper, erkennt seine Grenzen. Sport kann auch zum körperlich-seelischen Gleichgewicht beitragen; über Sport kann man sich abreagieren. Gerade in der Schule ziehen Jugendliche in großem Maße ihr Selbstbewußtsein aus Kraft und Sportlichkeit. Weitaus weniger als etwa Musik oder Mode ist Sport ein Mittel zur kulturellen Selbstdefinition. Die Zahl der Sportarten, die durch eine zugehörige Lifestyle-Philosophie einen kulturellen Überbau erwerben, steigt jedoch.

Sport ist auch nicht mehr nur als aktive Körperbetätigung wichtig: Sportbekleidung prägt den Kleidungsstil der Jugendlichen nachhaltig (siehe Kapitel III.1.). Eine gewaltige Industriemaschinerie produziert immer neue Produkte, die besser oder gesünder sind oder einfach besser aussehen. Stars wie Jürgen Klinsmann, Michael Stich oder Franziska van Almsick werden genau wie Popidole oder Filmschauspieler verehrt. Die Teenie-Zeitschrift ‚Bravo‘ reagierte 1994 auf dieses massive Interesse für Sport und startete im Herbst ‚Bravo Sports‘, eine alle zwei Wochen erscheinende Sportillustrierte für Jugendliche mit der respektablen Auflage von 500 000. Eine Zahl, die etwa in der

Größenordnung von erfolgreichen Blättern wie ‚Focus‘ liegt. Und auch alle übrigen Sportzeitschriften boomen.

Doch Sport ist nicht gleich Sport. Seine Bedeutung für Jugendliche und die Art, wie und wo sie Sport betreiben – all das hat sich in den 90er Jahren sehr verändert.

Die neuen Sportarten: Erlaubt ist, was gefällt

Früher, in den 70ern und auch noch in den frühen 80ern, war alles ganz einfach. Da gab es eine festgelegte Liste von Sportarten, die in etwa den bei Olympia zugelassenen Sportarten entsprach. Deren Regeln hatten Verbände definiert, sie waren in Handbüchern festgeschrieben. Niemand hätte gewagt, sie einfach eigenmächtig abzuändern. Alles hatte seine Ordnung: Jungen spielten Fußball und betrieben Leichtathletik. Mädchen fand man in der Turnhalle oder auf dem Reiterhof. Heute regieren Chaos und Anarchie. Wer ein modernes Sportartikel-Geschäft betritt, hat vielleicht nur noch eine vage Ahnung, wofür die ganzen in Pink- und Leuchtfarben schillernden Accessoires benutzt werden können. Der Dschungel der ständig neu auftauchenden Sportarten wird immer dichter.

Heute ist fast alles möglich, was gefällt. Vor allem die Invasion amerikanischer Trendsportarten wie Skateboarding, Rollerskating oder auch Football hat dafür gesorgt, daß ein buntes Sammelsurium von Stilen und Disziplinen zur Auswahl steht. Hinzu kommt die Körperkult-Welle: Nie buhlten mehr Fitneß-Strategien um den Geldbeutel der Couch-Potatoes. Sport befreit sich auf diese Weise aus dem Korsett der festgelegten Disziplinen.

Sportvereine vor der Pleite

Das eindeutige Nachsehen haben dabei die traditionellen Sportarten. Sie besitzen geringere Entwicklungs- und Abwandlungsmöglichkeiten und nur schwache Verbindungen zu Modetrends. Ein gutes Beispiel ist Skifahren. Der Absatz von Skiern ging weltweit in den letzten elf Jahren von 8,9 auf 5,6 Millionen Paar zurück.[35] In Deutschland gilt Skifahren vor allem in den jungen Szenen als leicht biederer Sport. Angesagt ist dagegen Snowboarding, bei dem man sich auf einer Art vergrößertem Skateboard ohne Rollen die Pisten hinunterstürzt. Snowboarding erlebte im Winter 1993/94 in Deutschland den ganz großen Durchbruch. Rund 80000 deutsche Begeisterte gab es schätzungsweise in jenem Winter,[36] davon waren etwa 80 Prozent Jugendliche zwischen 13 und 25 Jahren.[37]

Übergroße Klamotten und exzentrische Mützen, die tief ins Gesicht gezogen werden, prägen diese Snowboard-Kultur. Anfangs kamen die meisten Aktiven vom Surfen oder vom verwandten Skateboarding her und brachten eben deshalb eine gehörige Portion Mißtrauen gegenüber dem etablierten Skilauf mit. Obwohl nach und nach auch Ex-Skifahrer und völlige Neulinge dazustießen, behält Snowboarding eine gewisse Exklusivität. Dies liegt nicht zuletzt daran, daß sich die angesagten Hersteller von Snowboards und zugehöriger Kleidung – lauter kleine Marken wie ‚Burton', ‚Nidecker' oder ‚Vision' – konsequent weigern, mit großen und in ihren Augen unglaubwürdigen Vertriebspartnern zusammenzuarbeiten. So bleibt der Verkauf an kleinere Geschäfte gebunden.

Infolge der vielen neuen Sportarten ist es zu einer tiefen Krise des Vereinssports gekommen. Vereinssport beschränkt sich nach wie vor auf die traditionellen Sportarten, denn viele der neuen Sportarten brauchen keine Organisation oder wehren sich sogar explizit dagegen – der Widerstand, sich einer Vereinsdisziplin unterzuordnen, wird bei Jugendlichen immer größer. DFB-Pressesprecher Koltzenburg seufzt: „Vor dem Hintergrund des immer weiter wachsenden Freizeitangebots haben die traditionellen Sportarten das Nachsehen. Auch stellen wir fest, daß die Vereinsdisziplin mit regelmäßigem Training usw. viele abschreckt."[38] Fußball, in der Altersklasse 14 bis 18 bei den Jungen noch immer die wichtigste Sportart, muß kleine, aber stetige Einbußen bei den Mitgliederzahlen hinnehmen: 1991 waren in der angegebenen Altersklasse noch über 373000 Jungen im Verein, 1993 nur noch gut 362000.

Der Schwund der Mitglieder in der Altersklasse von 15 bis

22 Jahren nimmt sich bei den zehn größten, etablierten Sportarten im einzelnen wie folgt aus:[39]

Mitglieder	1992	1989	1984
Turnen	428 899	471 208	516 577
Tennis	372 768	386 066	331 463
Fußball	364 925	378 488	578 273
Tischtennis	181 009	194 563	211 241
Handball	180 623	206 843	247 593
Leichtathletik	157 651	178 798	201 817
Reiten	113 896	117 728	143 046
Volleyball	111 431	122 280	138 788
Skisport	108 028	130 401	147 502
Schwimmen	89 302	96 196	115 267

Erkennbar ist, daß Tennis nach 1984 noch einen Aufschwung genießen konnte – ausgelöst durch den Wimbledon-Erfolg von Boris Becker 1985 –, in den letzten Jahren jedoch auch mit einem deutlichen Rückgang zu kämpfen hat. Die stärksten Probleme hat Fußball. 1992 betrug die Mitgliederzahl nur noch 64 Prozent derjenigen von 1984. Zu berücksichtigen ist, daß seit 1984 allerdings auch die Gesamtzahl der 15- bis 22jährigen in Deutschland um etwa zwölf Prozent zurückgegangen ist. Trotzdem schafften es andere, weniger verbreitete Sportarten, in dieser Zeit deutlich zuzulegen:

	1992	1984
Badminton	46 652	34 792
Basketball	48 974	46 406
Karate	38 417	28 965

Das neue Körpergefühl

Jens, 17, Hendrik, 17, und Kevin, 16, dribbeln lässig filigran den Basketball um den Pfahl einer Bushaltestelle in Hannover. Den Korb haben sie so tief gehängt, daß sie selbst bei geringer Anstrengung den Ball genüßlich von oben ins Netz bugsieren können (dunken). Seit zwei Stunden spielen sie hier herum, vergleichen zwischendurch mal das Profil ihrer Turnschuhe oder reden ein paar Takte mit den vorbeischlendernden Klassenkollegen. Und immer wieder beginnt einer zu dribbeln und zu dunken. Planlos und ohne Punktezählen.

Die drei verbringen ganze Nachmittage am Korb, ohne auch nur einmal richtig naßgeschwitzt zu sein. Und die Frage: „Wer hat denn gewonnen?" würde nur ein verständnisloses Achselzucken nach sich ziehen.

Denn darum geht es im Sport häufig nicht mehr. Der Wettkampfaspekt verliert an Bedeutung. Die alten Normen – „Wieviel läufst du auf hundert?" – bröckeln, haben ihre Wertigkeit verloren. Viele der neuen Sportarten sind nicht zuletzt deshalb so beliebt, weil sie nicht mehr zwingend an ein gegenseitiges Messen oder an erreichte Höhen oder Weiten gekoppelt sind. Bei Sportarten wie Skate- oder Snowboarding wird die eigene Kreativität immer wichtiger: Man denkt sich selbst Figuren oder Tricks aus, statt einen beim Sportbund erhältlichen Katalog von Zielen abzuarbeiten. Auch ein offensiver Narzißmus macht sich bemerkbar. Brigitte Melzer-Lena, Leiterin des Instituts für Jugendforschung (IJF), glaubt: „Sport ist heute nicht mehr Sich-Plagen, es ist die wahnsinnige Schönheit des Körpergefühls."[40]

Auch der Erlebnis-Charakter von Sport wird immer wichtiger. Sport muß heute vielschichtige Reize bieten und ein Erlebnis vermitteln, das nicht einfach darin bestehen kann, in einer muffigen Halle an einem Reck zu hängen. Wichtig ist auch das Überwinden von persönlichen Grenzen und Ängsten, wie es zum Beispiel beim Extremsport Hochkonjunktur hat (dazu mehr in Kapitel IV.2.).

Vom Sport zur Jugendkultur: das Beispiel Skateboarding

Das Wichtigste an den neuen Sportarten ist jedoch: Sie können ganze Jugendkulturen um sich herum aufbauen. Immer mehr Sportarten werden zu umfassenden Welten, die nicht einfach mit dem Schlußpfiff enden. Besonders die amerikanischen Trendsportarten spielen hier eine Vorreiterrolle, zum Beispiel Baseball.

Mitte der 80er Jahre begannen die ersten Baseball-Begeisterten in der Bundesrepublik, sich in Vereinen zu organisieren. 1984 gab es neun Vereine mit insgesamt 250 Mitgliedern. Zehn Jahre später waren es bereits 15 000 Mitglieder in rund 350 Vereinen, die im Deutschen Baseball- und Softball-Verband (DBV) organisiert waren – von den unorganisierten Hobby-Spielern ganz zu schweigen.

Für den Boom sind nicht zuletzt die Medien verantwortlich: Die Fernsehserie ‚Die Bären sind los‘, die Spielfilme ‚Der Unbeugsame‘ mit Robert Redford, ‚Feld der Träume‘ mit Kevin Costner und vor allem ‚Die Indianer von Cleveland‘ und ‚Eine Klasse für sich‘ schufen einen echten Baseball-Boom. Der Rock-Klassiker ‚Wild Thing‘ von den Troggs, Titelsong aus ‚Die Indianer von Cleveland‘, wurde zur Hymne der Baseball-Szene. Nicht unwesentlichen Anteil hatte auch die Kappen-Mode. Baseballkappen mit den Emblemen von amerikanischen Teams wie den Colorado Rockies, Atlanta Braves oder Miami Dolphins galten schon in den Schulen als cool, lange bevor man überhaupt genau wußte, wessen Emblem man da eigentlich auf der Stirn trug. Heute werden Markenkappen von ‚Rawlings‘ oder ‚Long Gone‘ oder die Baseballschuhe von ‚Pony‘ weitaus bewußter getragen – und natürlich nicht nur auf dem Spielfeld. Beliebt sind darüber hinaus bei beinharten Baseball-Fans auch Hot dogs und Popcorn – man simuliert ja schließlich den waschechten Amerikaner.

Gemeinsame Mode, Musik oder sogar Eßgewohnheiten sorgen dafür, daß Sportarten sich einen jugendkulturellen Überbau verschaffen. Dieses Phänomen hat in den USA eine längere Tradition als in Deutschland – man denke nur an die Surf-Subkultur Anfang der 60er Jahre, die bald auch in die Popmusik überschwappte. In Deutschland war Skating – ein Überbegriff für Skateboarding und Rollerskating – eine der ersten, vielleicht sogar *die* erste geschlossene Sport-Jugendkultur. Da sie mittlerweile über zehn Jahre alt ist, kann man am Skating bereits heute die typischen Merkmale von Aufstieg und Fall einer jugendlichen Subkultur feststellen.

Die ersten echten Skateboards entstanden in den 50er Jahren

in den USA, vor allem in Kalifornien, wo Skateboarding als eine Art Trockensurfen angesehen wurde.[41] Nach einem ersten Höhepunkt Anfang der 60er geriet Skating wieder in Vergessenheit. Ein neuer Boom setzte in den 70er Jahren mit technisch verbesserten Brettern ein. „In dieser Zeit übertrug sich das auf Europa", sagt Thomas Kalak, 28, der in den 80er Jahren mehrmals Europameister im Rollerskating war und den Sport mit zahlreichen Fernsehauftritten und Shows in Deutschland populär machte: „Als ich anfing, das war Anfang der 80er Jahre, kannte ich es schon aus den 70ern. In Münster gab es jemanden, der hatte sich mit seinem Sportgeschäft auf Skating spezialisiert. Das war Titus Dittmann. Ich denke, ich habe auch Glück gehabt, weil Münster in Deutschland die Hochburg fürs Skating war, vielleicht sogar europaweit."

Bereits 1982 fanden die ersten Skateboard-Wettbewerbe statt, und 1983 erschien erstmals das noch heute führende Skater-Fachblatt ‚Monster Magazin', das auch von Titus Dittmann herausgegeben wurde. Kontakte zu internationalen Skatern wurden gepflegt, die erste Europameisterschaft trug man in Münster aus. Von dort breitete sich die Szene in ganz Deutschland aus.

„Am Anfang", so Thomas Kalak, „interessierte mich in erster Linie das rein Sportliche. Es interessierte mich, was für neue Rollen und Achsen es gab. Die Motivation lag damals sehr stark darin, Dinge zu lernen, Tricks auszuprobieren. Früher war es viel mehr eine *Sport*art als jetzt."

Sogar eine Sportart, die im Verein betrieben wurde. Doch der Versuch, die jungen Skateboarder in einen Verband zu integrieren, schlug fehl. „Es gab irgendwann Konflikte mit jungen Leuten, die sich mehr mit Begriffen wie ‚jung, wild, zügellos' identifizierten. Die erkannten schnell, daß die falschen Leute dem Ganzen eine Uniform aufdrängen wollten." (Kalak.) Heute führt Vereins-Skating ein Mauerblümchen-Dasein im Deutschen Rollsportverband.

Denn mit der Zeit wurde aus Skating mehr als nur eine Sportart, es kristallisierten sich Mode- und Musikstile heraus, die sich damit mehr oder weniger verbindlich verknüpften. Die

Skater in der Halfpipe: Voll unter Power.

typische Wende vom bloßen Einzelphänomen, eben dem Skate-
board-Fahren, zu einer zusammenhängenden Jugendkultur
fand statt. Thomas Kalak: „Die Skatermode war eigentlich
nicht sehr uniform, nur eben nicht poppermäßig oder so. Es
war schon ein hartes Outfit." Und bald gab es auch eine typische Skating-Musik: „Auf Wettkämpfen wurde meist Punk
gehört, egal wer da war." Als weiteres verbindendes Element
etablierte sich ein gewisser Hang zur asketischen Ernährungs-

weise. Drogen, Alkohol und Zigaretten waren nicht gern gesehen, viele Skater waren sogar Vegetarier.

Kalak betont, daß diese Phänomene nicht beliebig waren, sondern daß eben überwiegend Punks zu Skatern wurden: „Die Sportart hat nicht direkt Leute aus der Subkultur, aus der Punkszene angesprochen. Aber jede Sportart hat einen gewissen Charakter. Nimm zum Beispiel Tennis. Das ist etabliert und hat schon ein gewisses Image. Ein Jugendlicher, der dazukommt, übernimmt die Verhaltensmuster. Es ist sehr selten, daß jemand, der in einen Tennisverein eintritt, völlig ausrastet, dem Bild eines langhaarigen Heavy-Metal-Rockers entspricht. Skating hat ein anderes Erscheinungsbild. Es ist eine junge Erscheinung. Von seiner Geisteshaltung ist es vielleicht sogar die jüngste. Es zählen Charakteristika wie Jugendlichkeit, Ausgelassenheit, Risikobereitschaft, Kreativität. Wenn du mit 80 km/h durch die Rampe jagst und Überschläge machst, liegt es nicht nahe, dazu Klassik oder Meditationsmusik zu hören. Da bist du am Powern und wirst aggressiv. Das hat die Leute geprägt. Deshalb kommt das auch, daß die Leute eher etwas härtere, jüngere Musik hören."

Metal und HipHop kamen Ende der 80er, Anfang der 90er Jahre als Musikrichtungen hinzu (zu den Musikrichtungen vgl. Kapitel II.2.). Zeitgleich setzte die Ausweitung der Skating-Szene ein, und die Medien berichteten immer häufiger darüber. Und: „Gleichzeitig dreht sich das Markenkarussell seitdem immer schneller. Der, der verkauft, weiß: Ich muß die Leute richtig mit dem Zeug bombardieren, damit ich Profit mache." Die Folge: Skating zog viele Mitläufer an, die mehr an der Modeerscheinung interessiert waren als am Skaten selbst: „Viele Leute versuchen, über die Mode dazuzugehören, an der Aura teilzuhaben. Es wird in diesen neuen amerikanischen Sportarten mehr Mode verkauft als die dazugehörige Hardware."

Die Szene wurde größer, aber auch unübersichtlicher. Alte Skating-Werte gerieten in Vergessenheit. „Anfang der 90er gab es dann eine recht merkwürdige Wendung in der Szene. Plötzlich tauchte ein Magazin in den USA auf, das offen gewaltverherrlichend war, das ‚Big Brother'. Da wurde in einem Umfeld, wo sonst immer Tricks dargestellt wurden, gezeigt, wie einer dem anderen einfach eine haut und dann weiterfährt."

Dieser Dreischritt von Kommerzialisierung, Medieninteresse und plötzlicher Ausweitung bzw. Trendwende sind typische Kennzeichen einer Jugendkultur im fortgeschrittenen Stadium. Die Szene verändert sich und gerät in Gefahr, ihre ursprüngliche Anziehungskraft zu verlieren. Was von den Medien als „in" bezeichnet wird, kann schon bald wieder „out" sein. Auch im Skatcboarding setzte ein Gesundschrumpfungsprozeß ein: „Das stetige Anwachsen hat bis 1990 gedauert, bis das plötzlich abgeebbt ist. Das war das Ende der Modeerscheinung, aber die Kultur selbst blieb natürlich bestehen. Da sind dann alle abgesprungen, für die Skating ohnehin nur eine Modeerscheinung war."

Die verbleibende Szene wurde, wie zum Trotz, immer härter. Das → Halfpipe-Fahren geriet ins Abseits, angesagt war wieder Streetskating, Fahren auf der Straße – die Szene besann sich auf ihre Wurzeln. Viele der ehemaligen Skating-Profis wie Kalak oder der Essener Martin van Doren sind deshalb heute nicht mehr aktiv. Van Doren über die heutige Szene: „Es ist hart geworden, sich an der Spitze zu behaupten. So wie der ganze → Vibe in der Szene tougher geworden ist. HipHop löste Hardcore ab. Man skatet mehr für sich, spricht wenig und sieht sich als Individuum gegen eine graue Masse von Outsidern."[42]

Halfpipe

An beiden Seiten steil nach oben gekrümmte Fahrfläche für Skater. Man kann am Rand hochfahren und Schwung holen sowie akrobatische Figuren springen. Das Halfpipe-Fahren ist derzeit in der Skater-Szene zugunsten des Fahrens auf der Straße rückläufig.

Vibe

Abgeleitet von „vibration", einem besonders von Reggae-Musikern benutzten Wort. Der Vibe ist eine Mischung aus Stimmung und Atmosphäre, die in einer Szene oder in einer Disco herrscht. Auch Musik kann einen bestimmten Vibe überbringen.

5. Und nachts, da wird gelebt – Disco-Kultur in den 90er Jahren

Die Gesetze der Nacht

Eine dunkle Straße in einem Industriegebiet in Köln-Bickendorf, gegen ein Uhr nachts. Ein Golf hält, fünf etwa 18- bis 20jährige Jungs steigen aus. Sie laufen durch ein Tor in einen Innenhof, dann auf eine hohe Treppe zu, die anscheinend in ein Lagergebäude führt. Oben öffnet sich eine Tür, ein junger Mann tritt heraus. Er trägt Turnschuhe, ein lila T-Shirt und eine Baseballkappe. Lässig, aber bestimmt macht er eine abweisende Handbewegung in Richtung der Fünfer-Clique: „Nein, ihr nicht, das geht leider nicht." Einer will noch diskutieren, aber da ziehen ihn die anderen schon weg: „Hör auf, wenn der nein sagt, meint er nein. Probieren wir's im IZ, is' ja noch früh genug." Sie ziehen ab.

Warum der Türsteher der Club-Disco ‚Warehouse' keine Gnade zeigte, kann viele Gründe haben. Vielleicht war der Männeranteil drinnen schon zu hoch, vielleicht waren sie nicht richtig angezogen, vielleicht gefielen sie ihm einfach nicht. → Türpolitik ist undurchsichtig, unbarmherzig und scheinbar ungerecht. Wer abgewiesen wird, erfährt meist nicht, ob und wie er an sich arbeiten kann, um das nächste Mal dabeizusein. Sehr häufig probieren gerade die Abgewiesenen es wieder und wieder, um den kleinen Knacks im Selbstbewußtsein loszuwerden. Oft bleibt es trotzdem beim simplen „Das geht nicht", als werde sonst ein Gesetz übertreten, auf das der Türsteher selbst keinen Einfluß hat.

Türpolitik

Die Linie, die eine Disco bei der Auswahl ihrer Gäste am Eingang verfolgt. Dabei kann es generelle, formulierbare Beschränkungen geben, zum Beispiel „keine Turnschuhe" oder „Krawattenzwang", einschätzungsbedingte („jemand riecht irgendwie nach Ärger") oder situationsgebundene – wenn zum Beispiel schon zu viele Männer im Laden sind, kommen keine mehr herein. (Der umgekehrte Fall tritt leider sehr selten ein.)

Dieses Gesetz gibt es wirklich. Es heißt: Wir feiern, mit wem *wir* möchten. Denn die Nacht gehört *uns*. Die Nacht ist das Gegenstück zum Tag. Tag bedeutet Schule, Arbeit, Pflichten – Dinge, gegen die man sich nicht wehren kann. Nacht dagegen ist Freiheit, Abenteuer, Action. Und diese Ersatzwelt wird mit aller Kraft gegen jede Fremdbestimmung verteidigt.

Der Hauptschauplatz dieser Ersatzwelt ist die Disco. Sie hat ihre eigenen Regeln. Hier kann der arbeitslose Verlierer der Tag-Welt plötzlich König sein. Und der Karriere-Typ ein Nichts. Deshalb ernten Außenstehende nur verständnisloses Schulterzucken, wenn sie so lächerliche Fragen stellen wie: „Warum müßt Ihr eigentlich immer so spät in die Disco gehen? Als wenn man sich um neun Uhr nicht amüsieren könnte." Oder: „Wie kann man einzelne Leute einfach so abweisen? Das ist zutiefst menschenverachtend und unsozial." Die simple Antwort heißt: Das muß so sein.

Zum Beispiel das mit der Zeit: Viele Discotheken öffnen gegenwärtig erst um 22 Uhr, kleine Club-Discos in den Großstädten sogar erst um Mitternacht. In der Regel gilt: Ab 0 Uhr ist was los, denn dann schlafen die anderen. Weil nur die Nacht – nicht der Abend – wirklich den Jugendlichen gehört. Man würde sich schließlich nicht gerade in seiner eigenen Welt fühlen, wenn man aus der Disco käme und gerade seinen Lehrer oder den Chef das Theater verlassen sähe. Die einzigen älteren Leute, die man dann noch treffen darf, sind Briefträger, Bäcker und Schichtarbeiter.

Genauso verhält es sich mit der strengen Türpolitik: Wer unbeschränkten Eintritt für alle verlangt, hat keine Ahnung vom Charakter einer Disco. Discos bieten komplette, in sich stimmige Wunschwelten an. Und das Wichtigste darin sind die richtigen Leute. Mit den falschen ist man sowieso schon viel zu oft zusammen.

Die deutsche Disco-Landschaft

Disco ist natürlich nicht gleich Disco und die Unterschiede werden immer größer. Etwa 4800 Discos gab es 1990 in den alten Bundesländern, für die neuen gibt es noch keine Zahlen.[43] Die Tendenz ist insgesamt fallend – 1983 zählte man noch etwa 5000 Betriebe. Wegen der steigenden Konkurrenz durch andere Freizeitangebote rechnet etwa das B.A.T.-Freizeit-Forschungsinstitut mit weiteren Einbrüchen.[44] Am stabilsten ist die Marktlage noch in den neuen Bundesländern: 1990 hatten dort 53 Prozent der Schüler und Schülerinnen in den letzten vier Wochen eine Disco besucht, in Westdeutschland dagegen nur 39 Prozent.[45] Auch nannten im Osten weitaus mehr 17- bis 20jährige – übrigens die Gruppe der regsten Disco-Gänger – den Disco-Besuch als Lieblingsbeschäftigung: immerhin 16 Prozent (West: acht Prozent).[46] Ein Grund dafür liegt sicherlich in dem geringeren Angebot an Alternativen in Ostdeutschland begründet. Imbke Behnken vermutet in der Schülerstudie '90 dahinter allerdings eher „das Bemühen der Jugendlichen aus der DDR, wenigstens für ein paar Stunden ‚unter sich' zu sein".[47] Die „eigene Welt" muß angesichts von weniger frei verfügbarer Zeit von der Ost-Jugend konsequenter erkämpft werden.

Trotz der generellen Flaute verläuft die wirtschaftliche Entwicklung der verschiedenen Disco-Typen sehr unterschiedlich. Voll durchgestartet sind in den letzten Jahren die großen Disco-Tempel – riesige Komplexe, die irgendwo draußen auf der grünen Wiese stehen. Etwa Deutschlands größte Disco, das ‚Extra' in Koblenz – eigentlich fünf zusammenhängende Discos, die es 1993 auf insgesamt 1,2 Millionen Besucher brachten. Betreiber Heinz Weisbarth hat dazu ein eigenes Stadtmagazin (‚Extract') und ein Plattenlabel (‚Extra music & vision') laufen. Ein Kino mit über 2000 Plätzen hat er dort ebenfalls eröffnet. Demnächst will er sein Konzept als Franchise-Modell bundesweit anbieten.

Das Zauberwort, das den Disco-Moguln das Glitzern in die Augen treibt, heißt „Erlebnis". Erlebnis-Discos bauen nicht darauf, daß die Mischung aus attraktiven Gästen und guter Musik allein die richtige Stimmung bringt. Mit viel Geld und ausgefallenen Ideen stemmen sie sich gegen die drohende Disco-Flaute. Wie Weisbarth mit seinen fünf separaten Discos bieten sie eine bunte Vielfalt an, damit es dem Gast niemals langweilig wird. Das kann die Swimming-Pool-Party, der Männer-Strip oder der Karaoke-Wettbewerb sein. Denn man macht Stimmung um jeden Preis.

Wie z.B. Frank Papke, einer der Macher der beiden ‚tarm center‘ in Bochum und Frechen. Wenn man in der Nähe von Köln noch auf der A1 ist, sieht man bei Frechen bereits eine Lichtsäule in den Nachthimmel ragen: Aha, das kann nur das ‚tarm‘ sein – doch man fährt noch viele Kilometer, bis man auf den Riesenparkplätzen der Disco angekommen ist. Der Eingangsbereich ist wie bei einem Luxushotel mit Teppich ausgelegt – wer hier hereinkommt, fühlt sich automatisch aufgewertet. Drinnen empfängt einen auf vielen hundert Quadratmetern eine gepflegte Ausstattung, angesiedelt irgendwo zwischen Jugendstil und den 20er Jahren. Servil hüpfen gut geschulte Ober und Kellnerinnen um die Gäste herum. Es gibt einen großen Tanzraum, in dem harte Techno- und House-Klänge gespielt werden, und einen kleineren, intimeren und auch leiseren, wo sich die Angejahrten amüsieren dürfen. Ein gewaltiges Büfett lockt die Gäste in den Restaurantbereich. Gerade dort läßt man sich regelmäßig etwas Neues einfallen: Manchmal dürfen die Gäste selbst entscheiden, wieviel sie zahlen wollen, dann wieder wird pro Minuten Aufenthalt im Büfett-Bereich abgerechnet. Das schafft Abwechslung, das sorgt für Gesprächsstoff. So entstehen auch Anekdoten, die sich herumsprechen. Etwa im Bochumer ‚tarm‘: Dort verschlang ein junger Kosten-Nutzen-Optimierer einmal einen Riesenteller Lachs direkt neben der Kasse, um möglichst wenige Minuten berechnet zu bekommen. Er zahlte überhastet, ging drei Schritte weiter und übergab sich. Auch das ist Erlebnis-Gastronomie. Frank Papke: „Davon reden die Leute heute noch.“

Das Aufwendigste im Frechener ‚tarm‘ ist jedoch die Kulisse – eine Nachbildung des alten New York: Man geht durch eine Gasse mit täuschend echten Bürgersteigen und sogar Hydranten, vorbei an Hauseingängen, die in abgetrennte kleine Kneipen führen: Geh'n wir doch ein wenig zum Mexikaner, und schon ist vergessen, daß man sich in einer Diskothek in Frechen befindet.

Das Kontrastprogramm zu diesen Erlebnis-Paradiesen sind die kleinen Club-Discos. Hier steht man nicht auf teure Marmortheken. Besonders erfolgreich sind oft gerade Kellerlöcher, die nichts bieten als kahle Wände und eine Musikanlage. In diesen Club-Discos zählt dann nur das Publikum. Man möchte einem exklusiven Keis von Leuten angehören, die eine ganz bestimmte Musik hören, die einfach hip sind und sich dadurch von der Masse abheben. Während in den Disco-Tempeln Leute an der Tür abgewiesen werden, weil sie Turnschuhe tragen, kann es hier passieren, daß man nicht hereinkommt, wenn die Schuhe zu sehr nach Manager aussehen oder nicht von einer jener durch die Szene abgesegneten Marken stammen.

Club-Discos machen nur einen kleinen Anteil der gesamten Disco-Landschaft aus. Selbst Großstädte verfügen meist nur über zehn bis zwanzig dieser In-Treffs. Liest man Szenezeitschriften oder Trend-Illustrierte, bekommt man zwar den Eindruck, daß das Nachtleben mancher Metropolen ausschließlich aus Versammlungen wild gestylter Paradiesvögel in abgefahrenen Hip-Läden besteht. Wer aber ein bißchen herumgekommen ist, weiß, daß die Fotos immer in denselben Clubs gemacht werden. Die sollte man aber tatsächlich gesehen haben, und wer die Chance hat, ‚reingelassen zu werden‘, der sollte sie ganz schnell nützen.

Zum Beispiel in den Berliner ‚Tresor‘: Eine Treppe voller Mörtel führt in den Tresorkeller eines alten Bankgebäudes im Osten der Stadt. Hier wurde 1990 der deutsche Techno geboren. Wummernde Beats knallen um die Ohren, man hat Schwierigkeiten, die Bewegungen zu koordinieren, weil das Stroboskop pausenlos flackert – Licht an, Licht aus, Licht an, Licht aus. Hinter Gittern sieht man schemenhaft Tanzende. Man tanzt mit, die Beats sind zu stark, sie dulden keinen Widerstand. – Ganz anders der ‚Mojo-Club‘ in Hamburg: Das Licht ist heller, die Musik nicht allzu laut, aber sie geht in die Beine, weil sie schwarz und soulig ist. Hier ist die deutsche Zentrale des Dancefloor-Jazz (siehe Kapitel II.3.). Warme Klänge, eine insgesamt relaxte Stimmung, nur nette Leute, die man sogar pausenlos sehen kann, an den Wänden projizierte

Techno-Tänzer in Ekstase.

Bilder von schwarzen Symbolfiguren aus Politik und Musik. Man zeigt eben Bewußtsein.

In solchen kleinen exklusiven Clubs sind in der Vergangenheit oft die neuen Musik- und Tanzstile geprägt worden. Hier treibt das Bedürfnis, sich vom musikalischen und modischen Mainstream abzusetzen, immer neue Blüten. Während etwa der Dancefloor-Jazz und die zugehörige Mode in erster Linie aus London stammen, sind die deutschen Clubs seit Jahren führend im Techno-Bereich. Im Berliner ‚Tresor‘, im Hamburger

‚Front' oder im Kölner ‚Warehouse' wurden Discjockeys wie Westbam, Boris Dlugosch oder Mate Galic zu Superstars. Hier übten sie ihre Mixtechniken, lernten die Dramaturgie einer Plattenabfolge („Set" genannt) und prüften, wie ihre ersten selbstproduzierten Kassetten beim Publikum ankamen. Daß die Club-Discos Brutstätten sind, haben natürlich auch Markenartikler längst erkannt: Unermüdlich patrouillieren deshalb Promotion-Teams von Zigaretten- oder Spirituosen-Firmen durch die tanzende Menge und verteilen Proben – auf daß die Trendsetter auch ihrem Produkt den Szene-Segen erteilen.

Trance / Gabber

Zwei extreme Spielarten von Techno. Trance benutzt weiche, organische Klänge und läßt den Rhythmus oft nur noch unterschwellig mitlaufen. Trance ist der Soundtrack zum Chill Out, der Atemhol-Phase eines Rave, zu dem man meist in einen speziellen Chill-Out-Room geht. Gabber ist das Gegenteil: Geboren in der Rotterdamer Techno-Szene um die Formation Euromasters, kultiviert Gabber extrem harte Sounds und jagende Beats. Diese Techno-Schwerkaliber werden im Szene-Jargon auch „Bretter" genannt.

Seit mit Beginn der 90er die Palette der tanzbaren Musikstile breiter und differenzierter geworden ist, kommen immer neue, spezialisiertere Clubs hinzu. Konnte man vor nicht allzu langer Zeit froh sein, überhaupt eine Techno-Disco zu finden, hat man heute nicht selten die Auswahl zwischen einer, die eher auf → Trance macht, einer die → Gabber bevorzugt und einer weiteren, die beides spielt. So wie sich die Szenen aufsplittern, so wird die Clublandschaft unüberschaubarer. Große Discos versuchen, diesem Trend gerecht zu werden, indem sie verschiedene Musikprogramme unter einem Dach anbieten, wie etwa die ‚Königsburg' in Krefeld. Deren Inhaber, Giovanni D'Ettore, prophezeit: „Wer sich auf diese weiter steigende Vielfalt nicht einstellt, der hat verloren."

Eine Großstadt wie Dortmund hat 16 Discos – zwei Großdiscos, der Rest wird vor allem von traditionellen, mittelgroßen Discos gestellt. Diese laufen heute häufig Gefahr, zwischen den

Clubs und den Giganten zerrieben zu werden, weil sie weder aufsehenerregende Attraktionen noch ein exklusives Insider-Publikum aufbieten können. Einfach nur tanzen und Bier trinken – das funktioniert nicht mehr. Erfolg haben nur noch diejenigen mittleren Discos, die, so Marion Großmann vom Bund der Diskotheken und Tanzgaststätten in Bonn, über „eine gute lokale Stammkundschaft verfügen" – also meist Discos in der Provinz.

Das sind etwa die guten alten „Dorf-Discos", in der jeder zweite seine Freundin kennengelernt hat, wo der gute alte Hardrock der 80er Jahre läuft oder bedenkenlos die Hitparaden rauf und runter genudelt werden. Sie heißen nach wie vor ‚Flash' oder ‚Paradise' und bieten die Grundversorgung für die verschiedensten Szenen. Mit steigender Mobilität der Jugendlichen bekommen sie allerdings ebenfalls massive Konkurrenz durch die Luxus-Tanztempel, denn, so noch mal Marion Großmann, „bis zu 100 Kilometer Fahrt werden heute locker in Kauf genommen".

Auch das ist ein Charakteristikum der 90er Jahre: Verschiedene Entwicklungsstufen der Jugendkultur laufen unbehelligt nebeneinander her. Während eine Disco in Bamberg möglicherweise so wirkt, als gingen gerade die 70er Jahre zu Ende, kann man in einem Berliner Schwulen-Club durchaus schon die apokalyptischen Endzeit-Gefühle einer ferneren Zukunft spüren. Teilweise kommt es sogar zu „Überrundungseffekten": Eine Musik oder Mode, die in einer Kleinstadt noch gar nicht vorbei ist, wird in einer Metropole aus nostalgischen Gefühlen heraus wieder neu entdeckt. Ein Beispiel: die in den letzten beiden Jahren beliebten 80er-Jahre-Partys, auf denen die New-Wave-Musik des vergangenen Jahrzehnts noch einmal zelebriert wurde. Die entsprechenden Platten sind in manchen Provinz-Discos noch gar nicht aus den Plattenregalen der DJs verschwunden. Doch eins ist auch hier neu: Es entstehen Szenen, für die Tanzen und Disco zum alles dominierenden Lebensinhalt geworden ist – die Szenen der sogenannten Raver. Mehr dazu in Kapitel IV.1.

6. Wohnzimmer der Szenen – Kneipen in den 90er Jahren

Das Gros der deutschen Jugend geht aus einem einfachen Grund in die Kneipe: um Leute zu treffen. Diese lapidar anmutende Beschäftigung war und ist ein ganz zentraler Punkt im Leben der Heranwachsenden. Denn sobald die Persönlichkeit beginnt, sich auszuformen, braucht man einen Treffpunkt, an dem man sie im Umgang mit Gleichaltrigen definieren kann. Man braucht eine Art Wohnzimmer, das groß genug für alle ist und in das die anderen Szenen, die man nicht sehen will, gar nicht erst hineinkommen.

In den meisten Kneipen wird denn auch mehr geredet als lautstark gefeiert. Das beschert den Betreibern von Jugendkneipen trotz Rezession und allgemeinem Kneipensterben stabile Umsätze. Überhaupt ist dieser Markt sehr lebendig: Ketten wie ‚Pupasch‘ oder ‚Pflaumenbaum‘, von Zigaretten-Marken gesponserte ‚american diners‘ oder Franchise-Unternehmen wie ‚Hardrock-Café‘ sind stets zur Stelle, wenn in der Kneipenmeile irgendeiner deutschen Stadt Flächen vakant sind.

Ein typischer Abend

Im ‚Ringelnatz‘ sitzen Katja und Katrin. Beide sind 24 Jahre alt, beide sind Druckvorlagenherstellerin, beide sind zwar liiert, aber noch lange nicht verlobt, geschweige denn verheiratet. Beide lieben am ‚Ringelnatz‘ die goldenen Stuck-Ornamente unter der Decke (das ‚Natz‘ soll ja früher mal eine Schweinchen-Bar gewesen sein), die schwarzen Thonet-Stühle und vor allem die Tatsache, daß man „im ‚Natz‘ nicht so blöd angebaggert wird". Denn wer hierherkommt, ist auf seriöse Kommunikation aus: über Examina, billige Unterkünfte an der amerikanischen Westküste, Nervereien mit Freund oder Freundin oder über Was-mach-ich-wenn-mein-BAföG-ausläuft? Und es ist viertel nach zehn.

Der Chef des ‚Natz‘ raucht Gauloises, trägt eine auffällige schwarz-eckige Brille und wird von allen nur „Pierre" gerufen, obwohl er eigentlich Rolf heißt. Pierre sieht ebenso leicht ange-mackt aus wie sein Interieur. Und das Publikum liebt ihn ent-sprechend.

Katja und Katrin ordern Mineralwasser und Cappuccino. Der Abend hat erst angefangen, man will so gegen 23 Uhr 30 noch zum Konzert der Indie-Rocker Pavement und dort auch die Freunde treffen. Was tut man in der Zeit bis dahin? Man nippt an seinen Getränken und quatscht. Worüber? Egal, nur dieses Gefühl des Sich-Austauschens ist wichtig. Und be-stimmt trifft man heute abend noch irgend jemand anderen, den man kennt. Vielleicht sogar einen netteren Jungen als den, den man hin und wieder, aber regelmäßig zu Hause hat. Man ist eben global auf der Suche.

Als die Zeit für das Konzert gekommen ist, ändert sich das Publikum des ,Ringelnatz': Ältere Semester bestimmen nun das Bild, der Tresen ist dicht umdrängt, und der Männeranteil steigt. Erst gegen 2 Uhr 30 wird das Publikum erneut umstruk-turiert. Dann werden mehr Pärchen zu sehen sein, der Alters-durchschnitt wird wieder sinken, um dann spätestens ab vier Uhr drastisch nach oben zu schnellen. Wer dann noch in der Kneipe weilt, ist meist volltrunken oder frustriert von seiner Wohnung.

Kneipen wie dieses fiktive – aber der Realität entlehnte – ,Rin-gelnatz' sind nur ein möglicher Typ von Gastronomie, die in der Jugendkultur eine Rolle spielen. Denn die stilistische wie inhalt-liche Bandbreite ist gewaltig. Vom kleinen Dreißig-Quadratme-ter-Etablissement für Insider bis zum tausend Quadratmeter großen Erlebnisgastronomie-Tempel gibt es fast nichts, was es nicht gibt. Die zunächst verwirrende Vielfalt von Kneipen-Ty-pen ist Ergebnis einer regelrechten Gastro-Evolution, die ganz nach dem Darwinschen Dogma des „survival of the fittest" ab-läuft. Denn Kneipe ist beileibe nicht Kneipe. „Da kannst du doch nicht mehr hingehen" oder „Das ist der einzige Laden, den man sich überhaupt noch antun kann" sind Sätze mit der Tragweite ei-nes Glaubensbekenntnisses und der Konsequenz eines Gerichts-urteils. Was zunächst nach reiner Willkür aussieht, entpuppt sich als weitgehend kalkulierbares Spiel mit eigenen Gesetzen.

Lässig wie im Wohnzimmer: ein Abend in der Kneipe.

Kleine Kneipen-Typologie

Zunächst einmal scheiden sich die Läden in solche für jüngere und solche für ältere junge Menschen. Wer 15 Jahre alt ist, geht in der Regel entweder nachmittags in die Eisdiele oder abends in das Jugendzentrum vor der eigenen Haustür. Doch mit 18, dem goldenen Alter der eigenen Fahrerlaubnis, beginnt das

Eintreten in den Kosmos der Kneipen. Und das Angebot hält wirklich für jeden etwas bereit.

Die Hip-Kneipe

Hier treffen sich kleine, elitäre Szenen mit ganz bestimmten Vorstellungen von Kleidung und Musik: Alles muß neu, elitär und intellektuell sein. Dementsprechend hoch ist der Anteil an Designer-Brillen-Trägern und Schwarzgekleideten. Man kennt sich in der Regel, Außenstehende fallen auf und fühlen sich unwohl. Hip-Läden sind oft experimentell und irritierend eingerichtet. In letzter Zeit besonders beliebt: → Trash-Ambiente.

Trash

(Engl.: Müll). Trash ist ein Stilmittel, das in fast allen Bereichen der Popkultur auftauchen kann: Kleidung, Einrichtung, Fotografie, Styling, Musik, Film usw. Ursprünglich in den 60ern durch Andy Warhols Factory in Hip-Intellektuellen-Kreisen populär geworden, feierte der Trash im Zuge der Rezessionsjahre Anfang der 90er als Reaktion auf die Yuppie-Epoche ein starkes Comeback. Das Prinzip ist, „wertlose" Anti-Ästhetik wie Barbie-Puppen oder Sperrmüll-Möbel als bewußten Gegenpol zum Mainstream zu stilisieren.

Der Szene-Mainstream-Laden

Hier treffen sich ‚Swatch'-Fans und ‚Levi's'-Träger, die modische Frisuren haben und stets die neueste Chart-Musik hören. Hier amüsieren sich vorzugsweise Studenten, Auszubildende in Angestellten-Berufen und Gymnasiasten. Wichtig ist Trendbewußtsein, Spaß und gute Laune. Man ist offen, kommunikativ und gepflegt. Optisch sind solche Läden meist risikolos modern und ohne besondere Extreme. Deshalb können sich hier auch Angehörige anderer Szenen wohl fühlen.

Der Studenten/Alternativ-Laden

Er ist häufig im Umfeld von Universitäten oder in kleineren Städten anzutreffen. Hier kneipen alternativ angehauchte Menschen, die oft schon etwas angegraute Schläfen haben. Das Interieur ist meist aus dunklem Holz und sieht aus, als hätte es schon viel erlebt. Häufig verwandte Accessoires sind Tropfkerzen, ‚amnesty international'-Plakate und Dritte-Welt-Laden-Flyer: gemütliche, leicht abgeschlaffte Plauder-Atmosphäre.

Das Kneipaurant

Vorne Kneipe, hinten Restaurant, gern mit vegetarischem Schwerpunkt. Das Ambiente ist meist geprägt durch wuchernde Grünpflanzen, Möbel aus gewachstem Holz und einer üppigen Tee-Karte. Unaufgeregte Atmosphäre – böse Zungen könnten es als Hänger-Laden bezeichnen – kennzeichnet den Umgangsstil. Das Wohnzimmer von Altis, jungen Christen und Lehramtsstudenten.

Der Biergarten

Natürlich eine rein saisonale Angelegenheit: Im Sommer sind sie Sammelbecken für alle Szenen, die ihr Bier oder ihren Kaffee im Freien trinken wollen. Da kommt es dann vor, daß behäbige Fachwerk-Etablissements, in denen sonst Beton-Dauerwellen und rüstige Beamte Bratkartoffeln essen, zum Treffpunkt der Jugend werden. Bis der nächste Winter kommt.

Die Erlebnis-Kneipe

Erlebnis ist das Patentrezept, um Gäste vom Sofa runter und in die Kneipe rein zu bringen. So meinen jedenfalls die Erlebnis-Gastronomen. Die ‚Pupasch'-Kette gilt als Krone der Schöpfung. Wie in der Disco-Welt wird viel Geld investiert, um ein ständig neues Angebot von Animationsprogrammen und Veranstaltungen bereit zu halten. Das reicht von Pyjama-Partys über Konzerte bis hin zu den immer populärer werdenden Karaoke-Wettbewerben. Was der Konsument in der Erlebnis-Kneipe erwartet, ist nicht etwa Eingang in einen kleinen, elitären Szene-Zirkel, sondern schlicht und einfach Spaß und Kontakt um jeden Preis.

Die Theme World

Wie in einer kleinen Theaterinszenierung baut die Theme World ein in sich geschlossenes Ambiente auf. Zum Beispiel eine mexikanische cantina: Hier gibt es rohe Fußböden, bunte Farben, Agaven-Pflanzen als Dekoration und Bier aus dem „Pitcher", dem Glaskrug. Es ist wie ein kleiner Urlaub in Mexiko. Der Gast betritt die Parallelwelt und kann sich für die Dauer seiner Anwesenheit in einem anderen Land wähnen. Theme Worlds werden in der Zukunft noch stärker werden, da sie eine effektive Möglichkeit bieten, ein unverwechselbares Image aufzubauen und gleichzeitig einen hohen Unterhaltungswert allein durch die innenarchitektonische Gestaltung garantieren.

Innerhalb dieser Kneipensparten kann man sich nur nach genau festgelegten Regeln bewegen. Als Faustregel gilt: Die Szenen bleiben unter sich, progressive wie konservative. Ein Hip-Intellektueller würde sich niemals in eine Erlebnis-Kneipe begeben. Und ein Erlebnis-Tourist natürlich auch nicht in eine Hip-Kneipe. Es ist eben ganz wie im Wohnzimmer: Man würde ja auch nicht einfach jeden, sondern am liebsten nur Gleichgesinnte hineinlassen. Hier wie dort bleibt man in blindem Einverständnis unter sich, hat die gleichen Werte, stellt die gleichen Erwartungen an den Abend – das schafft Sicherheit.

Für die Szene-Struktur der jugendlichen Gesellschaft sind die Kneipen mittlerweile genauso wichtig wie das Telefon. Sie sind die Orte, an denen Szenen kommunizieren, an denen Gedanken- und Vorstellungswelten aufgebaut und weiterentwickelt werden.

7. Voll korrekt – die Jugendsprache

Klaus ist begeistert: „Der Laden ist echt geil!" Ralf will es genau wissen: „Korrekte Sache?" Klaus schüttelt den Kopf: „Viel mehr, voll kultiger Club-Laden." Da wird auch Ralf neugierig und geht am nächsten Freitag in die neueröffnete Diskothek.

Die Jugendsprache brachte und bringt immer neue Schöpfungen hervor. Viele davon sind in unseren alltäglichen Sprachgebrauch eingegangen – wer heute „dufte" sagt, erweist den „Halbstarken" der 50er Jahre seine Reverenz –, andere verschwinden dagegen im Orkus der Geschichte. „Groovy", ein Lieblingswort der Beat-Fans der Sechziger, verewigt in ‚Wild Thing' der Troggs und in ‚Feelin' Groovy' von Simon & Garfunkel, ist nach seinem zaghaften Wiederaufflackern im Zuge des Neo-Hippie-Trends bereits zum zweiten Mal abgetaucht. Schließlich müht sich die Jugend unentwegt, ihre eigene Sprache zu sprechen. Und oft sind deren Neuentwicklungen oder semantischen Umnutzungen zuviel für den guten Geschmack der Mainstream-Gesellschaft. Der Erwachsene fühlt sich, als würde ihm die Tür zur Jugendseele zugeschlagen.

Ich will so reden, wie ich bin

Es gibt zwei Gründe für die Lust der jugendlichen Sprache am Extremen. Erstens: Jugend drückt in ihrer Sprache ihre Persönlichkeit aus, grenzt sich gegen andere Altersgruppen und andere Ideologien ab. Sie schafft sich durch einen gemeinsam verwendeten Slang ein Zusammengehörigkeitsgefühl innerhalb der Szene. Und zweitens: Man fühlt als Jugendlicher meist einen „wortfremden Rest" an Gefühlen in sich, die größer sind und tiefer reichen als es konventionelle Worte ausdrücken können.[48] Also prägt man unkonventionelle, nie gehörte und möglichst drastische Worte.

Und das seit Jahrhunderten: „Das Phänomen Jugendsprache ist – historisch gesehen – so alt wie die Jugend selbst", stellt Hermann Ehman fest.[49] Und ebensolang ist Sprache generell und Jugendsprache im besonderen ein „ständiger historischer Entwicklungsprozeß"[50], ein Kommen und Gehen einzelner Worte, ein Sprachgebäude, an dem ständig gebaut und gebastelt wird. Darum kann das, was heute Jugendsprache ist, schon morgen die uncoolste Sache der Welt sein. Als der Alt-Rocker Ted Herold im Frühjahr 1994 in der SAT.1-Reihe ‚Einspruch' die Techno-Fans mit den Worten „Und wenn ihr dann in euren Schuppen geht", ansprach, verstanden ihn die Jugendlichen kaum noch und fragten nach – „wohin bitte?". „Schuppen", ein

Relikt der Beat-Schuppen-Zeit der 60er, ist so weit entfernt von den heutigen Techno-Discos wie mechanische Rechenmaschinen von heutigen chipbestückten PCs. Armer Ted Herold, er hatte sich als bemühter Jugend-Insider versucht und war kläglich gescheitert.

Credibility

Glaubwürdigkeit einer Person – genauer: ihr Ansehen, ihr Ruf. Man kann Credibility erwerben, weil man korrekt im Sinne der Szene-Philosophie handelt, man kann sie aber auch schnell wieder verlieren. Es reicht schon, die falschen Klamotten von den falschen Labels zu tragen und dadurch zu signalisieren, daß man keine Ahnung von den Werten der betreffenden Szene hat.

Wer die Jugendsprache sprechen will, muß sich immer am Puls der Zeit befinden und den Kids zuhören, sonst wird es äußerst peinlich. Plumpe Anbiederung ist das Todesurteil jeglicher → Credibility.

Jugendsprache – Szenensprache

Jugendsprache ist kein homogenes Ganzes, wie etwa die Juristensprache; sie ist vielmehr das ständige Resultat verschiedenster Einflüsse. Schon an zwei Schulen in derselben Stadt können unterschiedliche Tönungen im Sprachgebrauch entstehen. Und die 90er Jahre haben eine zusätzliche Aufsplitterung der Sprache mit sich gebracht: Einzelne Szenen beginnen, eigene Worte auszuformen; und dieser Szene-Slang wird dann unabhängig von sozialen Schichten und lokalen Verhaftungen verwendet. Von der Tochter eines Dozenten für Maschinenbau an der Fachhochschule Aachen ebenso wie vom Sohn eines Bauarbeiters aus Husum. Wenn beide z. B. der HipHop-Szene angehören, werden sie die Grußformel „Yo, man!" kennen und in der Szene auch benutzen. Nicht anders die Techno-Fans: Sie benutzen die Floskel „fly draufgewesen zu sein". Was bedeutet, daß der- oder diejenige gerade einen regelrechten Höhenflug erlebt hat.

Wenn auch Genitivschwund und Vereinfachungstendenzen in der Jugendsprache mehr und mehr Fuß fassen, sind sie doch nicht bezeichnend.[51] Jugendsprache ist keine Primitivsprache. Auch das Phänomen der „Nehmersprache"[52] ist nicht allein der Jugendsprache vorbehalten, es findet sich in der gesamten Alltagssprache: Worte aus den unterschiedlichsten Sprachen und Code-Systemen werden entlehnt, um schließlich eine häufig andere semantische Aufladung zu erhalten.

Typisch und kennzeichnend für jede Jugendsprache ist die lässige, saloppe und oft drastische Wortwahl, Resultat der Tatsache, daß man als Jugendlicher noch weniger konventionsbestimmt reden kann. Der 45jährige Außendienstler einer Brauerei oder der 52jährige Politiklehrer verstehen unter einem „geilen Urlaub" wahrscheinlich etwas anderes als ein 19jähriger Zivildienstleistender: Der benutzt „geil" – fernab aller erotischen Konnotation – als universelles Prädikat für besonders angenehme, positive Dinge des Lebens: Sonnenuntergänge, Pommes frites, Gitarristen, Diskotheken, Computerspiele, Schuhe, Gespräche – das alles kann geil sein.

Zu dieser Drastik gesellt sich die ungebrochene Inspiration durch amerikanische Quellen – nicht zuletzt wegen der Affinität der gesamten Jugendkultur zu den USA. Doch diese Inspiration zeitigt nicht die einfache Nachahmung. Statt dessen ist es in den 90er Jahren zu bemerkenswerten Versuchen gekommen, Amerikanismen willentlich wortgetreu zu übersetzen und dadurch gezielt zu ironisieren. Die Bochumer Club-Discothek ‚Planet' machte in ihrem Haus-Letter aus einer „In und Out"-Liste, wie sie uns in den 80ern inflationär verfolgten, eine „Herein und Heraus"-Liste. Deutsche HipHopper verabschieden sich mit „Seh Euch", was das amerikanische „See you" aufnimmt. Oder sie sind „Wirklich unten mit jemandem", was bedeutet, daß sie voll und ganz hinter ihm stehen. Vorbild ist die amerikanische HipHop-Floskel „I'm down with …".

Man sperrt sich nicht – wie zum Beispiel die Alternativen – gegen die mächtigen Einflüsse aus den USA. Man akzeptiert, daß in den Staaten coole Musik und geile Mode gemacht wird. Aber man will nicht einfach eine tumbe Kopie der dortigen Verhältnisse leben und stellt deshalb sprachliche Übernahmen in einen ironisierenden und damit distanzierenden Zusammenhang.

Das große pc

Der vielleicht wichtigste US-Import der letzten Jahre ist das Wort „korrekt" – die Aufladung eines gängigen Begriffes mit neuen semantischen Eigenschaften. „Korrekt" wird in progressiven Jugendszenen wie den Club-Jazzern, den Technos oder den Alternative-Rockern als Attribut für einwandfreie ideelle Qualität benutzt. Ein verbales Gütesiegel. Man sagt, eine Musikgruppe sei korrekt, eine Person, ein Film, eine CD. Das Vorbild ist die „political correctness", vielleicht *das* Modewort der frühen 90er in den USA.[53] Dort wird das Wortfeld der „political correctness" in ideologischen Wertungen benutzt. Jemand ist „pc", wenn er einem ganz bestimmten Anforderungskatalog von Tugenden und Einstellungen entspricht. Dieser Katalog ist auch in den USA nicht ganz genau definiert, bedeutet aber in jedem Fall, gegen Rassismus, gegen ökologischen Raubbau, gegen Rüstungswettlauf und für die multikulturelle Gesellschaft zu sein.[54] „pc" ist das Attribut eines politisch in ganz bewußter Weise progressiven Menschen.

Die deutsche HipHop-Szene importierte das Wort. Und belegte damit natürlich zuerst HipHop-Gruppen, die als „pc" oder eben „nicht pc" angesehen wurden. Von der HipHop-Szene ausgehend, verbreitete sich das Wort, spätestens im Sommer 1992 hatten auch die Neo-Hippies und Grunger es für sich entdeckt. Und nach und nach wendete man „korrekt" auch auf nicht-musikalische Gegenstände oder Personen an. So kann eine Kneipe ein „korrekter Laden", ein Film „voll korrekt" oder eben auch eine Person ein „korrekter" Typ sein. Und längst ist das Wort in den Sprachgebrauch der meisten anderen Jugendszenen eingegangen: ein phonetisches Monogramm der 90er Jahre.

8. ... oder wir gehen ins Kino – Cinemaxx und Video-Clip

Frage: Welcher Film der letzten Jahre war so schockierend und provozierend, daß man nicht mit seinen Eltern hineingehen konnte. Antwort: Äh, tja, also... eigentlich keiner. Die Zeiten der *nouvelle vague,* des *cinema verité* oder wenigstens der milden Irritation durch Filme wie Spielbergs ‚Weißer Hai‘ sind Geschichte. Heute regiert der Mainstream. Gigantische Produktions- und Vertriebsfirmen zeigen ihre gigantisch budgetierten Filme in ebenso gigantischen Kinocentern, den Multiplexen (Cinemaxx Essen: 16 Leinwände). Ein 35-Millionen-Dollar-Budget wie für Lawrence Kasdans ‚Paris Match‘ gilt gerade noch als mittleres Volumen, 100 Millionen und mehr wie für ‚Last Action Hero‘ mit Arnold Schwarzenegger werden immer häufiger. Und jeden Monat kommt ein Dutzend neuer Filme hinzu, die man garantiert alle mit seinen Eltern ansehen kann. Der Branche geht es gut, gerade weil der Mainstream so allmächtig geworden ist.

In den 90er Jahren ist es daher keine schwere Entscheidung oder gar eine szenetechnische Glaubensfrage mehr, ob man ins Kino geht oder nicht. Hat die Stammkneipe einen schlechten Tag, ist keine Fete in Sicht, dann gilt die Devise: „... oder wir gehen ins Kino!" Risikoloses Vergnügen gegen zwölf Mark Eintritt.

Wen wundert's auch: Die Zeiten, da die Auflehnung gegen etablierte Werte noch irgend jemanden ins Kino zog, sind spätestens seit Pink Floyds monströsem ‚The Wall‘ (1982) vorbei. Und die Rocker und Rebellen der 50er Jahre, wie Marlon Brando, Montgomery Clift oder James Dean, sind entweder tot oder haben nur noch Finanz- und Gewichtsprobleme. Die Hippie-Zeiten von ‚Easy Rider‘ (1969) sind heute sowieso nur noch Legende...

Was bleibt, ist der Mainstream. Immer mehr und immer perfekter. Und daß der so gut funktioniert, liegt an den ewig jugendlichen Inhalten, die da in Erwachsenen-Filmsets stattfinden: der Kampf um Anerkennung, die Lust auf Sex, die Sehnsucht nach Geborgenheit und Nähe, zerbrochene Träume und die Angst vor der Zukunft. Diese Themen sind es, aus denen die Film-Träume gewoben werden.

Denn das Geschäft mit dem Film lebt wesentlich von den Geldern, die Jugendliche an der Kinokasse lassen. 71 Prozent der Kinobesucher in Deutschland sind zwischen 14 und 29 Jahre alt. Je jünger die Befragten sind, desto häufiger besuchen sie das Kino.[55] Insgesamt gehen rund zwei Millionen Deutsche unter dreißig mindestens einmal in der Woche ins Kino.[56] Erst in der Altersgruppe der 25- bis 29jährigen findet man deutlich mehr Jugendliche, die das weniger oft tun.[57]

Die Welt der Kinos

Die deutsche Kinolandschaft der 90er Jahre ist dreigeteilt. Als erstes begegnen wir einer traurigen, vom Tode gezeichneten Spezies: den Vorstadt- und Landkinos. Alte Kinos, meist vor zwanzig Jahren zum letzten Mal renoviert, häufig noch in den Braun-Orange-Beige-Tönen der 70er Jahre gehalten. Sie haben einen oder vielleicht zwei Säle. Hierher kommt nur noch, wer weite Wege scheut.

Der zweite Typ hat eine leidenschaftlich durchlebte Vergangenheit hinter sich: das Programmkino. In der hochgreifenden Post-68er-Zeit geboren, war es einmal der Ort, in dem der kognitive Kinokonsument – man nannte ihn „Cineast" – seiner Leidenschaft frönte. Diese Kinos waren und sind meist schwarz gestrichen, authentisch angeschmuddelt und dekoriert mit alten Filmplakaten wie Jean-Luc Godards ‚Außer Atem'. Hier gab es spezielle feministische Filmnächte mit anschließendem Sektfrühstück, Retrospektiven der wichtigsten DaDa-Filme der 20er Jahre oder auch mal senegalesische Revolutionsfilme mit finnischen Untertiteln. Man liebte den visionär-intellektuellen Rauschzustand, in den man durch solche Events versetzt wurde. Alles war möglich – bis das Licht anging und der erste Bus in Richtung eigener Wohnung abfuhr.

Heute sind Programmkinos in einer fatalen Lage: Es fehlt der Nachschub an spielbaren Filmen. Die wilden Filmemacher sind zahm und alt, der *Autoren-Film* zu einem Synonym für subventioniertes, privatistisch-verstiegenes und unglaublich zähes Kino geworden. Hollywood regiert – einfach, weil es professioneller und zielgruppenorientierter produziert. Lange Filmnächte haben derzeit also Programme wie ‚Star Trek I–VI‘. Die spielen garantiert auch Geld ein.

Das kann den gegenwärtigen Platzhirschen nur recht sein: den Multiplex-Kinos. Der Name erklärt sich schnell: Multi gleich viel, Plex gleich Leinwand. Also viele Leinwände und damit viele Filme unter einem Dach. In Ballungszentren wie dem Ruhrgebiet, in Hannover oder Köln sind Multiplexe das Maß der Dinge. Hier gibt es alles größer und reichhaltiger als je zuvor in der Kinogeschichte. Die kleinen Cafés mit den gedrängten Marmortischchen, wie es sie früher gab, sind aussegmentiert in Bistro, Cocktail-Bar und Kneipe – in eigenständige Gastro-Betriebe, die täglich mehrere tausend Besucher bei Laune halten.

Diese Multiplexe sind dadurch zu regelrechten „Hang-Outs“ geworden. Der Kölner Cinedom zum Beispiel, gebettet in eine künstliche Parklandschaft am Rande des belgischen Viertels, ist Treff- und Trinkpunkt genauso wie das Hannoveraner Cinemaxx oder das Bochumer UCI. Die Unterschiede sind gradueller Natur und schon gar nicht im Programm auszumachen. 12 bis 16 Filme unter einem Dach – da soll jeder was finden.

Filmische Bilderwelten an sich sind aber nicht nur ein fester Bestandteil der Jugendkultur geworden, sondern heftig dabei, immer weiter und immer perfekter komplette multimediale Parallelwelten aufzubauen.

Überall ist Traumfabrik

Film ist längst nicht mehr nur Zelluloid oder Videoband; Film macht sich vielmehr bereit, alle Arten von Projektionsflächen unserer Welt zu vereinnahmen, vom Computer-Bildschirm bis zur Bettwäsche, vom Bonbonpapier bis zur permanenten Leinwand in unserem Kopf. Man muß längst nicht mehr ins Kino gehen, um bestimmte Filmhelden oder Geschichten zu erleben.

Denn seit dem Aufkommen der Videospiele und Home-Computer gibt es eine mächtige Allianz zwischen Software-

und Filmemachern. Prominentestes und erfolgreichstes Beispiel: George Lucas, der Vater von ‚Krieg der Sterne‘. Seine Software-Firma LucasArts machte sich bereits in der zweiten Hälfte der 80er Jahre einen Namen mit Adventure-Spielen wie ‚Zak McCracken And The Alien Mindbenders‘, der Geschichte eines Boulevard-Reporters, der eine von Außerirdischen installierte Verdummungsmaschine entschärft, oder mit ‚Maniac Mansion‘, der Odyssee dreier Teenager durch das Haus eines *mad scientist.* Beide Spiele arbeiten mit Versatzstücken der Filmgeschichte; die Außerirdischen in ‚Zak McCracken‘ tarnen sich beispielsweise mit Groucho-Marx-Masken. Aber erst die ‚Indiana Jones‘-Reihe, deren einzelne Spielfolgen auf den tatsächlichen Filmen basieren, griff real existierende Filmvorbilder direkt auf – mit durchschlagendem Erfolg. Denn filmische Parallelwelten haben Kraft und Ausstrahlung. Wie weit sie reichen, verdeutlicht ein populäres Beispiel.

Die Star-Wars-Saga

Das Kernstück der Star-Wars-Geschichte sind drei Filme: 1977 startete Regisseur George Lucas den ersten Teil der Filmtrilogie mit dem Titel ‚Star Wars‘ (‚Krieg der Sterne‘). Ein Geniestreich, der dem Genre der Weltraumoper den Weg ebnete, mit Darth Vader, Han Solo und Luke Skywalker drei mythische Figuren in der Populärkultur etablierte und eine Welle von Nachahmern und Merchandisern nach sich zog. 1980 (‚The Empire Strikes Back‘) und 1983 (‚The Return Of The Jedi‘) komplettierte er diese Trilogie. Das ergab insgesamt rund sechs Stunden Sternenkrieg.

Mittlerweile hat sich ‚Star Wars‘ zusammen mit ‚Star Trek‘ (‚Raumschiff Enterprise‘) zu einer umfassenden Parallelwelt gemausert, die fast täglich durch neue Comics, Bildbände, Fan-Artikel, Computer- und Videospiele, Spielzeug und Poster ergänzt wird. Und für 1997, zum 20jährigen ‚Star-Wars‘-Jubiläum, hat George Lucas auch eine Fortsetzung der Trilogie angekündigt.

Aber blicken wir noch einmal zurück auf die Anfänge im Jahr 1977. Schon damals zog der Premiere von ‚Star Wars‘ sofort eine Merchandising-Industrie mit Bettwäsche, Handtüchern, Schultaschen usw. nach. Doch es dauerte immerhin noch weitere fünf Jahre – das Imperium schlug schon zurück –, bis die ‚Star-Wars'-Saga in die Welt der integrierten Schaltkreise einging. Das Spielmodul ‚The Empire Strikes Back' für den Atari VCS hatte optisch die Anmutung einer derb gestickten Tischdecke, setzte seinerzeit dennoch die Maßstäbe für das Machbare. Es ging darum, mit einem ‚Snowspeeder' die mächtigen ‚AT-AT-Walker' des finsteren Imperiums auszuschalten. Aus heutiger Sicht könnte man auch sagen, daß damals kleine bunte Punkte auf dem Bildschirm miteinander kollidierten, bis einer der beiden explodierte: Ziirrppp!

Perfekte Umsetzung des Star War-Mythos für Computer: der ‚Tie Fighter'.

‚The Return Of The Jedi' wurde 1983 vom Spieleproduzenten Parker schon rechtzeitig zum Kinostart des dritten Teils der Saga in die Kaufhäuser gebracht. Zu diesem Zeitpunkt spielten sich bereits die ‚Star-Wars'-Fans an den Atari-Automaten in den Spielotheken die Finger wund, um den Todesstern zu beseitigen, und die Jugend der Welt hatte zentrale Vorgänge und Ereignisse des Films internalisiert.

Sequel

Fortsetzung eines Films, Buches oder Computerspiels. In der Jugendkultur vor allem durch Filme wie ‚Indiana Jones' etabliert. Ende der 80er Jahre gab es derart populäre Sequel-Welten wie ‚Lethal Weapon' oder ‚Star Trek', daß die ‚Nackte Kanone'-Reihe mit Phantasiezahlen wie „33 ⅓" diese Manie persiflierte. Computerspiele kultivieren ebenfalls seit Mitte der 80er Jahre die Sequel-Technik.

1986/87 begann schließlich die Epoche der Home-Computer: Amiga, Atari, C64 und Außenseiter wie CPC oder Spectrum – sie alle bekamen per Software ihren eigenen Sternenkrieg spendiert. Die Titel hielten sich an die Vorlagen: Von ‚Star Wars' über ‚The Empire Strikes Back' bis zu ‚The Return Of The Jedi' eben. Und die entsprechenden Sequels trugen nicht selten einfach ein „Super" vor dem Titel.

Und heute?

Mit dem Aufkommen der CD-ROM-Laufwerke für Computer ist der Film endgültig in die Hauptplatinen der PCs eingezogen. Spieleproduzenten finanzieren Spitzentitel mit mindestens einer Million DM. Chris Roberts, Chef der amerikanischen Software-Schmiede Origin, ließ sich 1994 das Weltraum-Strategie-Spiel ‚Wing Commander 3: The Heart Of The Tiger' fünf Millionen Dollar kosten,[58] ein 300seitiges Drehbuch schreiben und echte Schauspieler engagieren. Solche Spiele weisen denn auch schon eher den Weg zu interaktiven Filmen und sind keine einfachen Computerspiele mehr. → Samples aus Spielfilmen, Soundtracks, Sprache und Geräusche können heute mit einer technischen Brillanz auf den Heimrechnern reproduziert werden, von der man 1977, als der Sternenkrieg auf den Leinwänden dieser Welt begann, nur träumen konnte.

Sample

(Engl.: Probe.) Die Sampling-Technologie revolutionierte die Verarbeitung und Manipulation von Klängen und Bildern. Das Prinzip: Ein reales (analoges) Bild oder Klangstück wird in binäre Zahlencodes übertragen, also digitalisiert. Auf diese Weise erhält man gewissermaßen „Konserven", deren Qualität immer gleichbleibend ist und nicht, wie bei einem Ton- oder Videoband, durch häufiges Abspielen gemindert wird. Mit dem Aufkommen der CD-ROM und dem allgemeinen Erstarken der Computermöglichkeiten ist ein beinahe unendlicher Baukasten aus Tönen und Bildern für die Kreativen dieser Welt verfügbar geworden.

Die Elefantenhochzeit der Branchen Film und Computer hat ein Zwitterwesen hervorgebracht, das beiden Partnern gewaltige Summen einbringt: Der Gesamtumsatz der Filmindustrie in den USA belief sich 1993 auf 5,3 Milliarden Dollar; und nach Angaben des Fachmagazins ‚Electronic Entertainment' betrug der Umsatz der Video- und Computerspiele 1993 in den USA etwa sieben Milliarden Dollar. Bereits heute suchen etablierte Filmschauspieler ein lukratives Zubrot bei Spiele-Produktionen. Donald Sutherland moderiert das Rollenspiel ‚Conspiracy', Mark Hammill – der ‚Luke Skywalker' der ‚Star-Wars'-Filme – kehrt im schon erwähnten Strategiespiel ‚Wing Commander 3' in den Weltraum zurück. Und Sylvester Stallone und Wesley Snipes drehten während der Arbeiten zu ‚Demolition Man' gleich ein paar Meter Zelluloid mit, die ausschließlich im gleichnamigen Computerspiel auftauchen.

Solche Entwicklungen und deren potentielle Möglichkeiten sind natürlich ein Lieblingskind von Technologie-Spekulanten. Schon redet man davon, daß man tote Schauspieler per Computer „reanimieren" und in nagelneue Filme einbauen kann, daß Zellulitis oder Bierbäuche bald digital wegretuschiert und Stunts noch atemberaubender werden können.

Der Drei-Minuten-Spielfilm

Doch noch bevor der Film per Computer seinen Einflußkreis verbreiterte, diffundierte er bereits, gewissermaßen in Instant-Form, tief in die Welt der Jugendlichen hinein: Das Musik-Video mauserte sich zum Drei-Minuten-Spielfilm. Clip-Regisseure bedienen sich ebenso gern wie ausdauernd im unerschöpflichen Bildbaukasten der Filmgeschichte – wenn sie nicht sogar selbst gestandene Film-Regisseure sind, wie John Landis, der 1983 den Clip zu Michael Jacksons ‚Thriller‘ drehte. Die Filmgeschichte hat ja auch alles schon hervorgebracht, womit man einen Clip attraktiv machen kann. Sei es die Schwarzweiß-Ästhetik des jungen Peter Bogdanovich, seien es die Lichtfarben aus Spielbergs ‚Close Encounters‘ oder die Glanzlack-Erotik von Lynes ‚9½ Wochen‘: Die Welt der Musikvideos in der Mitte der 90er Jahre ist ein Zitaten-Karussell der Filmgeschichte.

Natürlich sucht man sich die Rosinen heraus, jagt sie in möglichst dichter Folge über den Schirm und schafft dadurch „aneinandermontierte, ausgewählte Attraktionen, die dem Verkauf des vorgestellten Songs dienen".[59] Nach Ansicht von Martin Scorsese, der Regie bei Michael Jacksons ‚Bad‘ führte, „haben die meisten Videos heute die Funktion, die früher Albumcover hatten".[60] Und entsprechend ähnlich wie die Grafiker der Plattencover arbeiten die Video-Macher. Sie fügen Schriften, Bilder und jede andere Art von Zeichen zu einem suggestiven Bild-Trip zusammen, der das Image des Pop-Stars und die Stimmung des Songs verkörpert.

Diese Technik hat jedoch nicht zu einer spezifischen Art von Spielfilmen für Jugendliche geführt; es gibt nur sehr wenige Filme, die gezielt auf sie zugeschnitten sind wie z. B. ‚Menace II Society‘ des Jahres 1994: Diese Geschichte zweier schwarzer Getto-Jugendlicher spielt in der HipHop-Szene von Los Angeles und macht deren Musik, Wertewelt und optische Chiffren (wie baggy-suits, workwear und Waffen) zu den eigentlichen Hauptakteuren des Films. Das alles reichte aber lediglich zu einem Achtungserfolg an der Kasse (ganze 35 106 Besucher in 24 Wochen), trotz freundlicher Resonanz bei progressiven Filmkritikern.[61]

Die prägenden Einflüsse des Films auf die Jugend und ihre Kultur sind aber grundsätzlich immens. Ein diffuser Strom amerikanischer Bilder und Symbole rauscht permanent durch alle Köpfe. Wer heute zum ersten Mal in die USA fährt, wird eine vertraute Welt antreffen: gelbe Taxis, weite Wüsten, den Hot-Dog-Stand aus Edelstahl, endlose Straßen und verdreckte Kleinstädte. Man kennt die Kneipen mit den Bierkrügen und Neonreklamen, erinnert sich, wie Woody Allen durch sein ‚Manhattan' (1979) stolperte, und hat auch noch vor Augen, wie das Stadtviertel aussah, in dem Bridget Fonda in ‚Singles' (1992) lebte. Film ist eine unerschöpfliche Quelle der Amerikanisierung geworden, eine zweite fiktive Heimat aller Jugendlichen.

III. Der Wandel der Jugendkultur

1. Herein und heraus – die Dynamik der Trends

Sollten in 500 Jahren Archäologen ein Zeitungs- und Zeit-
schriften-Archiv der 90er Jahre ausgraben, wird ihnen ein Wort
besonders ins Auge stechen. Nicht etwa solche Schöpfungen
wie „Wendehals" oder „aussitzen", auch nicht „Klimakata-
strophe" oder „Airbag", sondern: „Trend". Die 90er, genauer
gesagt die Marketing-Menschen der großen Unternehmen, haben es entdeckt und vereinnahmt. Kein Tag vergeht, an dem
nicht in irgendeinem Branchenblatt wie ‚werben & verkaufen'
oder ‚Horizont' ein neuer Trend prognostiziert wird.

Die Folge: Trends werden immer schnellebiger und für den
Außenstehenden immer unüberschaubarer – und häufig auch
unglaubwürdiger. Die 90er Jahre setzen hierin Maßstäbe wie
kein anderes Jahrzehnt zuvor. Das wird noch eine Weile so wei-
tergehen, denn schließlich haben sich in Unternehmen und
Agenturen mittlerweile ganze Abteilungen auf das Identifizieren und Auswerten von Trends spezialisiert. Und die wollen
schließlich Ergebnisse aufweisen und massenwirksam umsetzen.

Trend-Scout

Trend-Scouts sind Mitarbeiter einer Werbeagentur, einer Zeitschrift
oder eines Trendforschungs-Institutes, die die Großstadt ständig
auf der Suche nach neuen Trends durchstreifen. Sie beliefern Produktentwickler, Journalisten und Berater mit Neuigkeiten, die
diese dann in konkrete Maßnahmen oder Artikel umsetzen. Trend-
Scouts sind quasi die Spione der Konsumindustrie.

Besonders gern treiben sich die → Trend-Scouts in den jungen
Szenen herum. Hier werden sie eher und reichhaltiger fündig
als in jeder anderen Bevölkerungsgruppe. Denn Jugendliche

wechseln ihre Gewohnheiten und Vorlieben schneller als Erwachsene. Sie suchen noch und probieren entsprechend häufig neue Möglichkeiten und Geschmacksrichtungen aus. Sie sind experimentierfreudiger im Umgang mit Zeichen, Stilen und Inhalten und noch nicht in die ästhetischen Konventionen der Erwachsenenwelt eingepaßt, wo jeder Alltagsmorgen mit Schlips und Kragen beginnt.

Die Krawattenträger schielen ihrerseits aber ständig und nicht nur verstohlen zur Jugendkultur hinüber, weil sie spannend ist und immerhin die eine oder andere Anregung zu bieten hat. Jugend fungiert für sie als Impulsgeber und kann neue Trends populär machen, die nach einigen Jahren wie selbstverständlich zur Erwachsenenwelt gehören. Ein gutes, wenn auch erschütterndes Beispiel ist der Jogging-Anzug. Er wurde Ende der 70er Jahre von Jugendlichen aus den USA importiert und ist mittlerweile zur häuslichen Dienstkleidung der Deutschen degeneriert.

Was genau ist aber ein Trend? Wie entsteht er, woran erkennt man ihn und wie lange dauert er? Lapidare Antwort: Das ist von Fall zu Fall verschieden. Betrachten wir einmal

Aufstieg und Fall des Grunge

Der Sound war hart und knallend. Er klang, als sei er mit billigen Verstärkern und gebrauchten Gitarren in einer leergeräumten Garage aufgenommen worden. Seit Mitte der 80er machten junge Musiker in Seattle diese Musik. Man haßte die glatten und perfekten Pop-Produktionen, die damals aus jedem Radio dudelten, hatte nicht das Geld, um sich die kostspieligen Synthesizer und Drum-Computer zu kaufen, die damals jeder Profi benutzte. Also machte man mit den Instrumenten Krach, die zur Hand waren. Alte Verstärker und gebrauchte Billiggitarren. Man schrammte der Welt des schönen Scheins und des geilen Konsums ein paar Akkorde in die Gehörgänge und schrie ihr ins Gesicht: „Ohne mich. Ich mach' was anderes." Lautmalerischer Name und Programm waren eins: Grrrraaanschsch, zu deutsch – Dreck.

Zu dieser zornigen Anti-Konsum-Attitüde paßte das optische Erscheinungsbild der Grunger. In Seattle war es kalt, also trug man unter dem großkarierten Holzfällerhemd einige T-Shirts. Dazu die obligatorische Jeans – am liebsten mit Löchern und Rissen – sowie schmuddelige Chuck-Turnschuhe oder die derben Boots der Biker. Und die Haare zottelten um den Kopf, wie morgens nach dem Aufstehen, ungewaschen und strähnig. 1992 konnte man sogar Grunge-Shampoos kaufen, die die Haare nach dem Waschen immer noch ungewaschen aussehen ließen.

Die Könige des Grunge hießen Nirvana und setzten 1991 mit ihrem Hit ‚Smells Like Teen Spirit‘ an, von Seattle aus die Welt zu erobern. An ihrem Image orientierte sich zwei Jahre die progressive Jugend Deutschlands, der Absatz von Holzfällerhemden schnellte in die Höhe. In den Club-Discos dröhnten plötzlich nicht mehr synthetische Computer-Beats, sondern scheppernde Natur-Schlagzeuge und schrabbelnde Gitarren. Das Album ‚Nevermind‘ verkaufte sich wie von selbst, allein in Deutschland gab es dreimal Gold für rund 750 000 Exemplare. Nur die Branchen-Insider murmelten schon im Sommer 1992: „Wie lange noch?“

Aber Grunge tanzte noch einen weiteren Sommer lang, den des Jahres 1993. Findige Marktstrategen hatten im Schmuddel-Look aus Seattle Parallelen zum lässigen Look der Hippies entdeckt, im Handumdrehen mauserte sich Grunge zu *Grunge/ Neo Hippie*. Doch nicht nur bei der Kleidung wurde jetzt die Zeitmaschine aktiviert, und die Kids liefen rum wie ihre Eltern in den 60ern. Es gab sogar einen Vorzeige-Neo-Hippie, der aussah wie ein geklonter Jimi Hendrix: Lenny Kravitz. Der produzierte griffigen Pop, freilich mit grungemäßigen Gitarren, und landete damit Hits. Schließlich hatten ja auch Nirvana in Interviews oft betont, wie sehr sie Jimi Hendrix verehrten.

Als dann allerdings im September 1993 sogar ‚Bravo‘ komplette Doppelseiten druckte, auf denen „Grunge – der neue Look“ komplett mit Bezugsquellen und Preisen angeboten wurde, verlor der Trend seine Exklusivität und kam zu einem reinen Konsumphänomen herunter, das sehr schnell verblaßte.

Lediglich der spektakuläre Selbstmord von Nirvana-Boß und Grunge-Idol Kurt Cobain im April 1994 brachte Grunge noch einmal in die Schlagzeilen. Bands, die den Sound weiter ausschlachteten, zum Beispiel Pearl Jam, Smashing Pumpkins, Alice In Chains oder Stone Temple Pilots, mochten denn auch das Wort „Grunge" seither nicht mehr in den Mund nehmen.

Die Trend-Trias

In der kurzen Erfolgsgeschichte des Grunge findet man alle Zutaten, die nötig sind, um einen Trend groß zu machen:

- *Innovation:* ein neues Phänomen, das Ausstrahlungskraft hat;
- *Identifikation:* ein Nerv, den dieses Phänomen bei den Jugendlichen trifft;
- *Multiplikation:* eine Marketing-Maschinerie, die den Trend verbreitet.

Ausstrahlungskraft hatte es ohne Zweifel, wenn man in den gelackten Spät-80ern in Fetzen herumlief; Aufmerksamkeit war gesichert, schon weil man sich quer zum Mainstream stellte.

Der Nerv, den Grunge traf, war ein latenter Überdruß, und das führte zur Identifikation mit dem zentralen Anliegen einer ganzen Bewegung. Viele Teens hatten genug von den immer perfekteren Werbespots, von der Inflation edler Kleidungsstücke und dem penetranten Leistungsdenken. Man wollte einfach nicht mehr, trotzte vor sich hin. Daran dockte der Grunge an – eine diffuse Befindlichkeit hatte ihren Soundtrack gefunden.

Freilich wären Nirvana ohne massive Unterstützung der Medien wahrscheinlich nicht aus Seattle herausgekommen. Doch quer über den Globus liefen die Druckmaschinen und Bandgeräte auf Hochtouren: zunächst, im Jahr 1990, nur in kleinen elitären Zirkeln, im nächsten Jahr schon als Mainstream und schließlich sogar bei den Teenie-Blättern wie ‚Bravo'.

Grunge ist mittlerweile wieder verblaßt. Die Jugend der Welt hat damit einige Zeit gespielt, dann wurde das Spielzeug langweilig und die meisten legten es weg. Einige wurden noch härter, verweigerten sich noch mehr und hören heute Alternative-

Ikone des Grunge: Nirvana, noch mit Kurt Cobain (Mitte).

Rock (siehe Kapitel II.2.). Doch das ist auch schon alles, was von Grunge übrigblieb, einem der bisher erfolgreichsten Jugendtrends der 90er Jahre.

Hip oder Hype?

Nicht alle Trends haben diese Kraft. Als Faustregel gilt: Je weniger ein neuer Trend sich an Befindlichkeiten des jugendlichen Bewußtseins ankoppelt, desto größer ist die Wahrscheinlichkeit, daß er ein → Hype bleibt. Der Faktor der *Identifikation* ist dann zu schwach. Hypes entstehen auch, wenn die *Multiplikation* eine Eigendynamik entwickelt, wenn also die Marketing-Maschinerie nach Futter brüllt und ihre Produktentwickler sich eine *Innovation* selber aus den Rippen schneiden müssen.

Auf einen Hype hereinzufallen, ist der Alptraum jedes coolen Jugendlichen. Dann hat man sich von der Industrie für dumm verkaufen lassen, steht als kompletter Trottel da. ‚Don't Believe The Hype' rappten die HipHopper Public Enemy und sprachen damit der korrekten Jugend dieser Welt aus dem Herzen. Und doch sind Hypes zwangsläufig Mitfahrer auf dem großen Trend-Karussell.

Hype

Das Gegenteil eines Trends: Wer einen Hype landet, hat sich in seiner marktstrategischen Einschätzung verkalkuliert. Man wirft ein Produkt, eine Pop-Gruppe oder eine neue Musikrichtung auf einen Markt, der keinerlei Interesse und Aufnahmebereitschaft dafür hat. Diese Marktlage wurde allerdings bei der Konzeption nicht einbezogen. Jugendliche Szenen haben eine ausgeprägte Sensibilität gegenüber Hypes entwickelt. Denn wer auf einen Hype hereinfällt, hat sich schlicht und einfach verarschen lassen.

Das ständige Experimentieren mit Lebensidealen und -qualitäten macht die Jugendkultur zu einem Schlaraffenland für Trend-Sucher. Und eine bestens funktionierende Medienbranche und ein immer dichteres Netz von Trend-Scouts hecheln durch diese Wunderwelt. Begierig schnappen sie nach jedem neuen und abgedrehten Phänomen. Und tappen dabei nicht selten in die „subkulturelle Falle", wie es der deutsche Trendforscher Matthias Horx nennt.[1] Man nimmt die Laune einer Minderheit so ernst, daß man darüber die Welt als ganzes aus dem Blick verliert: „Man entdeckt einen Trupp Mädchen im tiefsten Nachtleben von Berlin, der sich die Haare onduliert und lila färbt, und schon verkündet man den Alte-Oma-Stil."[2]

Wer in diese subkulturelle Falle getappt ist – egal, ob als Produzent oder Konsument –, hat zwei Möglichkeiten: entweder, sich klammheimlich zurückzuziehen, um weitere Peinlichkeiten zu vermeiden, oder das ganze Programm mit viel, viel Mar-

Drei gegen drei: Mit aller Härte zum Korb – Streetball.

keting-Geld durchzuziehen, um zumindest einige Seiten in Magazinen oder einige Minuten im Rundfunk zu erhalten. Danach kann der Hype wenigstens ohne größere Peinlichkeiten und in aller Stille zu Grabe getragen werden.

Daß eine Marke allein einen Trend machen kann, ist absolut die Ausnahme. Hat man einen langen finanziellen Atem, kann sich aber die Marketing-Abteilung tatsächlich einen Trend ausdenken und ihn erfolgreich unters Volk bringen. Vorausgesetzt, es besteht zumindest ein Minimum an Identifikationspotential.

Adidas hat das in den vergangenen zwei Jahren durch die werbliche Investition von rund 17 Millionen Mark in sein Lieblingskind „Streetball" geschafft. Die Herzogenauracher hatten lange nach einer Idee gesucht, wie sie bei Deutschlands Jugendlichen ihr Image von Zulieferern biederer DFB-Trainingscamps und langweiliger Sportabzeichen-Veranstaltungen abschütteln könnten. Schließlich stießen sie auf Streetball. Gespielt wurde es vor allem von schwarzen amerikanischen Jugendlichen in Hinterhöfen oder auf der Straße – eine Sportart, die in den USA eng mit der HipHop-Kultur verbunden ist. Zwar hatte man bis dato nur einige wenige Streetballer in Deutschland gesichtet, aber es schien der richtige Zeitpunkt gekommen zu sein, einen echten Trend zu kreieren, an den man sich als Marke dranhängen konnte. Die Voraussetzungen für einen breiten Erfolg von Streetball stimmten: Man muß dazu keinem Verein beitreten (siehe Kapitel II.4.), man braucht keine teure Ausrüstung – und vor allem: Der Mythos der amerikanischen Getto-Kultur ist im Spiel (siehe Kapitel V.1.).

Adidas veranstaltete also seinen ersten „Streetball-Challenge" – eine Reihe von Turnier-Veranstaltungen in sechs deutschen Großstädten, an denen insgesamt über 10000 Spieler teilnahmen. Und die Strategie ging auf: Der Absatz von Sportschuhen stieg beträchtlich. Marktführer Adidas konnte seinen Anteil von 33 auf 35 Prozent erhöhen, der Halbjahresumsatz wuchs in der ersten Hälfte des Jahres 1994 um 12 Prozent auf 409 Millionen Mark.

Vor 1992 nahmen Journalisten und Branchenkenner an, daß Streetball eher hype als hip sein würde. Der Sportmoden-Produzent aus Herzogenaurach aber hat durch massive Veranstaltungen quer durch die Republik gezeigt, daß man sich – vorausgesetzt, man investiert das nötige Kleingeld – nicht immer an derlei Hype-othesen halten muß.

2. Erlaubt ist, was gefällt –
Jugendkultur und Multioptionalität

Die Inflation der Angebote

Jürgen, 21, sieht richtig leidend aus, wenn er mal wieder in der Hamburger Niederlassung des Mega-Schallplattenladens ‚WOM‘ steht und Neuerscheinungen hört. Dutzende von Kopfhörern hängen von der Decke herab, in jedem läuft pausenlos eine CD. Unruhig wippt Jürgen mit. Dann geht er ein paar Meter weiter und stülpt sich etwas Neues über. Nach etwa 20 CDs hat er genug, holt mißgelaunt sein Portemonnaie aus der Jeansjacke und zählt durch. Gerade mal für zwei CDs wird's reichen. Er überlegt kurz, entscheidet sich und schlurft zur Kasse.

Für Jürgen ist es schon längst kein Spaß mehr, wenn er samstagsmorgens CDs kauft. Mühselig hat er sich in seiner Clique das Image des Musikkenners aufgebaut, der immer weiß, wo's langgeht, welche neuen Aufnahmen man sich besorgen, welche Konzerte man besuchen sollte. Und der auf Partys die Platten auflegt. Deshalb kann er sich auch nicht einfach CDs aus dem Verleih auf Kassette aufnehmen – wie sollte er dann noch einen einzelnen Titel ansteuern?

Jürgen steht auf gut abgehende Dancefloor-Musik, eingängig muß sie sein und vor allem tanzbar. Aber es ist anstrengend geworden, aus der Flut der Neuveröffentlichungen stets das Wichtigste herauszufischen. Immer unbarmherziger dreht sich das Rad der Musikindustrie, immer schneller verlieren teuer gekaufte CDs die Aktualität. Dranzubleiben erfordert harte Disziplin und eine Menge Geld. Jürgen ist Krankenpfleger – da sind gerade mal zehn CDs pro Monat drin, und das auch nur, weil er noch bei seinen Eltern wohnt.

Aber 177 CD-Neuerscheinungen allein auf dem Gebiet der populären Musik meldet das Branchenblatt ‚Musikwoche‘ für die 17. Woche 1994, hinzu kommen 72 CD-Singles sowie 34 Wiederveröffentlichungen von Oldies – und diese Zahlen spiegeln nur die gemeldeten Veröffentlichungen der größeren

Schallplattenfirmen wider.[3] Durch Underground und die vielen superspezialisierten Sub-Sub-Sub-Märkte dürfte die Zahl noch um ein Vielfaches steigen. Gut ausgebaute Importnetze sorgen dafür, daß zusätzlich noch zahllose Platten aus dem Ausland angeboten werden. Immer neue Trends, die sich weiter verästeln, sorgen für ständig neuen „Bedarf". Herkömmliche Plattenläden sind kaum noch in der Lage, ein halbwegs vollständiges Angebot bereitzuhalten. Die Folge: Spezialversandunternehmen wie ‚Malibu‘, ‚JPC‘, ‚Bear Family‘ oder ‚Normal‘ boomen.

Eine ähnliche Explosion des Angebots ist im Bereich der Zeitschriften festzustellen. Zwar hat sich die Konkurrenz unter den auflagenstärksten Top-Titeln (siehe Kapitel II.1.) in den letzten Jahren nicht wesentlich verschärft. Dafür wimmelt es aber von kleinen Spezialtiteln, die alle versuchen, ihre Marktnische zu finden. So tummeln sich am Kiosk nicht nur Massen von deutschen Musik-, Mode- und Jugendzeitschriften, sondern auch ein solides Angebot an internationalen Titeln für Meinungsführer (opinion leader), die noch schneller auf dem laufenden sein wollen, die die neuesten Trends aus New York und London noch früher aufsaugen wollen. Eine solche Meinungsführer-Zeitschrift ist ‚i-D‘ aus London. Wer das Aktuellste aus Musik und Nightlife etwas eher wissen möchte, muß Monat für Monat 13 Mark auf die Theke des Bahnhofskiosks legen.

Ähnliche Entwicklungen sind in den Bereichen Mode und Sport zu erkennen. Jugendkultur explodiert in eine schnellebige Vielfalt, die es bislang in dieser Intensität noch nicht gegeben hat. Analog und quasi begleitend zur Differenzierung der „modernen Persönlichkeit" (siehe Kapitel I.2.) und der Beschleunigung der Trends (siehe Kapitel III.1.) multiplizieren sich die Wahlmöglichkeiten. Dabei steigt nicht nur die Masse des Angebots – die Dinge werden auch verfügbarer.

Wollt Ihr die totale Verfügbarkeit?

„Wißt ihr", erklärt uns ein Cineasten-Freund, „ich kaufe mir ‚Clockwork Orange‘ nicht. Ich kann ihn mir für den gleichen

Preis etwa 18mal ausleihen. Und ich kann jederzeit da runter gehen", er deutet aus dem Fenster seiner Mietwohnung im achten Stock, „die Videothek hat rund um die Uhr geöffnet, und ‚Clockwork Orange' ist in fünf Kopien da. Das gibt einem ein Gefühl der Sicherheit, eine wohlige Gewißheit, jederzeit an die Dinge heranzukommen." Die deutschen Videotheken haben 1993 1,3 Milliarden Mark umgesetzt.[4] Geht man von einem durchschnittlichen Verleihpreis von 3,50 Mark aus, wurden etwa 370 Millionen Videos einen Tag lang ausgeliehen.

Genauso allgegenwärtig sind – häufig kombiniert mit Videotheken – CD- und Computerspiel-Verleihe. Selbst durchschnittliche Stadtbüchereien führen heute große Bestände von Pop-CDs und populären Videofilmen. Auch das Fernsehen zieht mit: Pop-Videos laufen auf MTV und Viva rund um die Uhr und warten nur darauf, mitgeschnitten zu werden. Man kann es aber auch lassen, denn die nächste Wiederholung kommt bestimmt. 1983 konnten wir nur einmal in der Woche voller Erwartung das ZDF einschalten, um eine Dreiviertelstunde lang Video-Clips in ‚Ronny's Pop Show' zu sehen. Heute kann man den Videos kaum noch entrinnen.

Glaubt man den Medienpropheten, ist das alles erst der Anfang der totalen Verfügbarkeit. Große Online-Archive mit Musikstücken oder Filmen könnten es einmal ermöglichen, für einen bestimmten Betrag alles Mögliche in kürzester Zeit auf den heimischen Bildschirm zu holen (siehe Kapitel V.2.). Zum Beispiel das System ‚Video On Demand': Die kalifornische Software-Firma nCube arbeitet dafür an einem Parallel-Superrechner mit 65 000 Prozessoren, der es möglich machen soll, 400 000 Haushalte mit Videofilmen auf Abruf zu versorgen.[5] Sogar eine Preisvorstellung hat man in den USA bereits für diesen Dienst: 3,95 Dollar soll der Abruf eines Films kosten. Auch besondere Abonnements auf die Archive bestimmter Musikrichtungen oder Plattenfirmen wären möglich. Und das alles ohne den lästigen Zwischenhandel.

Dazu drängen spezialisierte Musikkanäle auf die Märkte. ‚Music Choice' nennt sich zum Beispiel ein geplantes Joint Venture der Mediengiganten Sony und Time Warner. Auf der ganzen Welt soll Music Choice gebündelt etwa 300 verschiedene Musikprogramme durch die Kabelnetze senden, die man mit einem speziellen Receiver dechiffrieren kann. Für etwa zwanzig Mark Monatsbeitrag hätte man Hunderte von extrem spezialisierten Musikprogrammen zur Verfügung. Es gäbe keine Moderatoren, keine Werbung. Und die immer besseren Übertragungsmöglichkeiten werden wohl bald auch CD-Qualität erreichen.

Geschichte als kultureller Selbstbedienungsladen

Abba-Party in der Düsseldorfer Diskothek ‚Rheingold'. Schon im Hauptbahnhof, direkt nebenan gelegen, trifft man die ersten Gäste: Sie tragen hohe rote Plateauschuhe, braune Cordhosen mit Schlag, übertriebenes Make-up, Rüschenhemden. Alles im Unisex-Look. Drinnen heizt der Discjockey mit Disco-Hits der 70er Jahre ein: Boney M., Silver Convention, Chic, Village People. Die Lautstärke ist eher mäßig, der Raum relativ hell – so glaubt man heute, daß es in den guten alten Seventies gewesen sei. Nostalgisch Gestylte halten sich mit den „normal" Angezogenen etwa die Waage. Eben betritt wieder ein neuer Harpo-Verschnitt den Saal, beginnt mit einem Mädchen, das der früheren blonden Abba-Sirene Agnetha Fältskog täuschend ähnlich sieht, hüftschwingend den Bump zu tanzen: „So when you're near me, darling cant't you hear me? SOS!!" Alle bleiben freundlich, gelassen, fast lethargisch. Man feiert halt routiniert eine von vielen Abba-Partys.

→ Revival-Partys sind in Discos eine Selbstverständlichkeit geworden. Selbst recht spektakuläre Veranstaltungen wie ‚DDR-Partys' (1994 in Berlin und Umgebung ein Renner) werden locker mitgenommen, ohne viel Aufhebens darum zu machen – man hat halt schon alles gesehen. Revival-Partys gibt es immer und überall. Auch in dieser Club-Szene hat sich ein vielfältiges Nebeneinander der Stile und Epochen entwickelt, und man kann je nach Belieben in sie ein- und problemlos auch wieder aus ihnen heraustreten – die Revival-Maschine rollt weiter und weiter und weiter.

Solche Revivals treten meist dann auf, wenn die aktuelle Jugendkultur nicht mehr genug zu bieten hat, um alle Jugendlichen an sich zu binden. Das Karussell der Revivals dreht sich etwa seit dem Ende der 60er Jahre, als zum ersten Mal – aber dann gleich auf der internationalen Bühne – der gute alte Rock 'n' Roll und mit ihm die Fifties revivalt wurden. Heute findet man kaum noch eine Facette der Jugendkultur, die nicht schon einmal einen zweiten, dritten oder vierten Frühling erlebt hätte.

Original und Fälschung –
Beispiele für musikalische Revivals

Original: Rock 'n' Roll (1954–1960; Elvis Presley, Buddy Holly, Chuck Berry)
Revival: Ende der 70er (Shakin' Stevens, Matchbox, Showaddywaddy, Rubettes)

Original: Mambo (40er/50er Jahre; Perez Prado, Tito Puente, Machito)
Revival: Sommer 1992 (Film ‚Mambo Kings spielen Songs der Liebe', Partys etc.)

Original: Ska (60er Jahre, Jamaika; Prince Buster, Laurel Aitken, Derrick Morgan)
Revival: 1979–1982 (Madness, Specials, Selecter, The Beat, Bad Manners)

Original: Mod-Musik (60er Jahre, England; The Who, Small Faces, Creation)
Revival: Ende der 70er bis Anfang der 80er Jahre (Jam, Chords, Secret Affair)

Original: Hippie-Musik (Ende der 60er bis Anfang der 70er Jahre; Jimi Hendrix, Janis Joplin, Grateful Dead)
Revival: Seit 1990 bis Ende 1993 (Lenny Kravitz, Spin Doctors, Mother Earth)

Original: Street-Funk (Blütezeit späte 60er/frühe 70er Jahre; Sly & The Family Stone, James Brown)
Revival: Frühe 90er Jahre (Weiterentwicklung des Dancefloor-Jazz-Booms)

Sample-Kultur in den 90ern:
Wir basteln uns ein Dancefloor-Stück!

Das bunte Nebeneinander von Stilen und Epochen wird aber nicht nur konsumiert, sondern als Baukasten für eigene Ideen und Kreationen genutzt. Man samplet Bruchstücke vorhandener Musik oder Filme und setzt sie wie eine Collage neu zusammen. Diese Sample-Kultur ist zu einer der wichtigsten jugendkulturellen Strategien der 90er Jahre geworden.

Sie führte eine bis dahin unbekannte „Demokratisierung" der Jugendkultur ein. Nie war es so leicht, kreativ tätig zu werden. Mit nur wenigen Hilfsmitteln ist es nun fast jedem möglich, etwa Pop-Hits zu produzieren. Wie das geht? Per digitalem Datenspeicher!

Der Chip übersetzt Klänge in Zahlenreihen, den sogenannten Binär-Code. Ein solches Sample kann jederzeit abgerufen werden – ganz ähnlich einem konventionellen Tonbandgerät – und zusätzlich in Tonhöhe, Geschwindigkeit und Frequenzspektrum per Computer verändert werden. Die Klangtreue der Reproduktion bleibt immer brillant und nutzt sich niemals ab. Sampler nennt man heute hauptsächlich das Sampling-Keyboard der Musiker, die konsequente Weiterentwicklung des Synthesizers. Ein Sampler kann potentiell alles: jedes eingespeicherte Instrument abrufen, bellen wie ein Hund, knallen wie eine Pistole oder Sprachfetzen aus dem Bundestag wiedergeben. Und ist gegenwärtig schon für knapp viertausend Mark zu erhalten.

Populär wurde die Sampling-Technik Mitte der 80er Jahre durch Rap- und Dancefloor-Produzenten aus den USA. Es entstanden Hits wie zum Beispiel ‚Bomb The Bass‘ von Bomb The Bass, worin Samples aus 50 verschiedenen Pop-Titeln verarbeitet wurden. Der überwiegende Teil heutiger Pop-Musik wird auf Samplern eingespielt. Nur daß diese Sampler eben klingen wie Schlagzeug oder Baß oder sogar wie ein Background-Chor. Sampling hat die Pop-Musik ähnlich umwälzend revolutioniert wie die Masseneinführung der E-Gitarre in den 50er Jahren – noch nie waren die Studiomusiker so arbeitslos wie heute.

Heute ist es für Pop-Musiker nicht mehr nötig, über aufregende manuelle Fähigkeiten an den Instrumenten zu verfügen. Ein gut gefülltes Plattenregal mit samplefähiger Musik tut es auch. Am konsequentesten bedienen sich daraus die Techno-Macher. Und noch nie war der Weg zur eigenen Platte so kurz, noch nie konnten Nobodys so schnell in die Hitparaden kommen, wenn sie nur eine einzige gute Idee hatten. Die neuen Technologien bedeuten daher zur Zeit nichts anderes als eine Befreiung vom Geschmacksdiktat der Musikprofis und der großen Schallplattenfirmen.

Sampling ist zu einer Basis-Strategie der Jugendkultur geworden. Wer ihr heute vorwirft, es sei „ja alles schon mal dagewesen“, der hat wohl recht. Und trotzdem nichts verstanden.

Denn Samplen wird ganz bewußt in den verschiedensten Bereichen angewendet. Viele Fanzines benutzen die gleiche Collage-Technik: Man bastelt aus Schnipseln anderer Zeitschriften und Bücher ein neues Magazin zusammen, das schließlich zum größten Teil aus den Versatzstücken anderer Medien besteht. Durch diese dekonstruktivistische Methode rücken Aussagen in neue Zusammenhänge und können gezielt ironisiert und unterhöhlt werden. Aus der Collage-Technik wurde eine eigenständige Ästhetik, die sich bis heute auf Schallplattenhüllen oder auch auf T-Shirts wiederfindet. Vor allem die T-Shirt-Self-Made-Kultur, aus der Punk-Kultur heraus entstanden, hat sich ihre Marktnische bis heute souverän erhalten. Viele Kleinstvertriebe versorgen ihre Kunden in Deutschland mit Shirts, die nicht selten bekannte Motive aus den Medien oder der Werbung aufgreifen und verballhornen. „Tötet Onkel Dittmeyer!" rief unlängst ein T-Shirt zum Mord am Orangensaft-Hersteller auf. „Keine Macht den Doofen!" parodierte man die „Keine Macht den Drogen!"-Kampagne des Bundesgesundheitsministeriums, und „Ich bin stolz, bei Aldi zu kaufen!" bekannte ein Duisburger Vertrieb. Oft sind diese T-Shirts sehr bald Gegenstand gerichtlicher Auseinandersetzungen. (→ Bootlegging)

Bootlegging

Hobby des kreativen Undergrounds, entstanden Ende der 80er Jahre in London: Man manipuliert klassische Werbesymbole, um ihnen eine ironische Note zu geben. Aus Nissan wird „Pissan", aus Bunte „Tunte", aus Jägermeister „Ravermeister" oder aus Langnese „Langnase". Meist werden diese entfremdeten Markenlogos dann als T-Shirt-Aufdrucke getragen. Es gibt aber auch Party-Einladungen, die wie Waschmittelwerbung aussehen und vieles mehr.

Auch im Trend-Sport wird nach Herzenslust gesamplet. Die neuen Sportarten (siehe Kapitel II.4.) haben dafür gesorgt, daß starre Reglements unterhöhlt wurden – und sie eignen sich vorzüglich für Neukombinationen. Es herrscht der reinste Spieltrieb.

Zum Beispiel Rollerbasketball. Die Variante wurde in Manhattan geboren, wo auf Inline-Skates drei gegen drei Basketball spielen. Sturzhelme und Polsterung verhindern schwere Verletzungen bei Stürzen auf den Asphalt. Eine ähnlich gewagte Variante kommt aus San Francisco: Skatehockey – Hockey auf Skateboards. Sandboarding dagegen ist die Sommervariante des Snowboarding – man fährt auf dem Board Sandhänge hinunter. Bei den Weltmeisterschaften 1993 in Hirschau bei Amberg waren immerhin 10 000 Zuschauer da.

Man kombiniert aber nicht nur Sportarten, sondern verän-

Früher hieß es Hinterhofkicken, heute Calcetto.

dert auch einfach ihr Reglement oder ihr Spielfeld. An solchen Neukreationen versuchten sich in den letzten Jahren verstärkt große Sportartikelfirmen, die sich davon eine Auffrischung ihres Images versprachen. Puma und Diadora setzen beide auf Straßenfußball. Beim „Calcetto", wie es im Ursprungsland Italien heißt, wird auf einem nur zwölf mal acht Meter großen Asphaltfeld auf zwei Meter breite Tore gespielt. Es gibt kein Seitenaus, sondern Banden, und es spielen vier gegen vier Spieler pro Mannschaft.

Die Möglichkeit, solche Sportarten in beliebiger Zahl künstlich populär zu machen, ist begrenzt. Und vor allem den Großen der Branche vorbehalten. So schätzt Torsten Görke von der Essener Agentur Team Action Sports, die Turniere dieser Art ausrichtet: „Wenn du heute ein paar Millionen hast, kannst du alles machen. Extrem-Schach, was auch immer. Langfristig schadet das aber den neuen Sportarten, weil sich die Leute nicht alles andrehen lassen. Calcetto ist schon ein schmaler Grat, auf dem man sich bewegt, viele machen da schon nicht mehr mit."

Die Entwertung der Zeichen

Wenn man 1992/93 in den Großstädten die Augen aufhielt, konnte man den Eindruck bekommen, die deutsche Jugend sei wieder religiös geworden. In Hamburg und Köln eröffneten Restaurants mit dem Namen ‚Wojtila‘, in denen man bei Kerzenschein auf altarähnlichen Tischen Köstlichkeiten wie ‚Nonnenschenkel‘ genießen konnte. In allen Großstädten gab es plötzlich Kneipen, in denen kitschige Heiligenbilder in Plastikrahmen an der Wand hingen – etwa im ‚Spielplatz‘ in Köln, im ‚Abendmahl‘ und in der ‚Klosterbar‘ in Berlin oder im ‚Sub Rosa‘ in Dortmund. Trendbewußte Szenegänger streiften über Flohmärkte, um bunt angemalte Madonnenstatuen fürs heimische Badezimmer aufzutreiben. Und Kreuze waren sowieso fester Bestandteil der Neo-Hippie-Kleidung.

Auch die Popstars zogen kräftig mit. In Videos von den Toten Hosen, Sting, P. M. Dawn, The Cult, Culture Beat, Snap und wie sie alle heißen, sah man tonnenschwere religiöse Symbolik. Lenny Kravitz, Billy Idol oder die Army Of Lovers trugen und tragen fast ständig Kreuze mit sich herum. Pseudosakrale Techno- und House-Messen wurden gefeiert, bei denen Tänzer in Mönchskutten und Meßdienergewänden abhotteten. Gleichzeitig wuchs das Interesse an gregorianischen Mönchsgesängen: So erreichte etwa eine CD des Chors des spanischen Benediktinerklosters Santo Domingo de Silos die Spitze der internationalen Hitparaden. Geradezu erschrocken stellten die Mönche erst mal die weitere Plattenproduktion ein.

Natürlich bedeutet das alles keine Renaissance des Glaubens. Es ist aber auch nicht bloß eine Spielerei, die zufällig zu Beginn der 90er Jahre stattfindet. Die Sakralwelle ist der logische Endpunkt einer Entwicklung, die durch das Zeitalter der Multioptionalität eingeleitet wurde: die Entwertung der Zeichen und Symbole. Wohlgemerkt: Entwertung bedeutet nicht Beleidigung oder Blasphemie. Die Zeit, in der sich Jugendkultur kritisch mit Religion auseinandergesetzt hat, ist vorbei. Früher, 1981, bildete zum Beispiel die kalifornische Hardcore-Punk-Gruppe Dead Kennedys auf ihrer Platte ‚In God We Trust, Inc.‘

ein Kruzifix aus Banknoten ab und rotzte ihren Haß auf die Religion in dem Song ‚Religious Vomit' (‚Religiöses Gekotze') hinaus. Auf diese Weise setzte sich Jugendkultur – mal mehr, mal weniger drastisch – mit dem Phänomen Religion auseinander. Das ist heute vorbei. Das Thema Religion scheint inhaltlich erledigt. Wer glaubt, glaubt, wer nicht glaubt, glaubt eben nicht.

Neil Postman sagt: „Derjenige, der ein Symbol lästert, nimmt es genauso ernst wie der, der es anbetet."[6] In unserem Falle heißt das: Ein Symbol, das angegriffen wird, wird noch als das begriffen, was es ursprünglich darstellt. Es kursieren in den jungen Szenen durchaus T-Shirts, auf denen ein Jesus-Foto zu sehen ist, das mit der Unterschrift „Kill Your Idols!" versehen ist. Das ist noch eine echte Auseinandersetzung: Man hält Jesus für ein Beispiel von ungesunder Idolbildung und prangert das an. Der Jesus aber, der auf dem Tischtuch des Lokals ‚Wojtila' zu sehen ist, sagt gar nichts mehr. Er symbolisiert weder Glauben noch Kritik am Glauben. Er ist reines, wertfreies Ornament.

Die Sakralwelle konnte erst entstehen, nachdem die Sample-Kultur erstarkt war. Sample-Kultur ist nicht nur eine Technik, sondern gleichzeitig eine Ideologie, die die freie Verfügbarkeit und Kombinierbarkeit aller Symbole predigt. Sie besagt im Kern: Nichts ist heilig, mit allem darf man spielen. Unmittelbare Folge dieser Auffassung sind Werbeanzeigen mit rauchenden Nonnen oder mit blutgetränkter Soldatenkleidung aus dem Jugoslawien-Krieg.

Vor allem das letzte Beispiel zeigt: Jedes Mal, wenn ein Symbol, das bislang tabu war, in die Sample-Kultur aufgenommen wird, provoziert das Aufsehen. Als die Dead Kennedys Ende 1979 in den USA bekannt wurden, war es ein Skandal, den Namen des hochverehrten John F. Kennedy mit dem Krach dieser Punkband in Verbindung zu bringen. Aber bald schon gewöhnte das Publikum sich daran, wie nunmehr mit politischen Symbolen umgesprungen wurde.

Sample-Kultur bedeutet das Ende der Ehrfurcht – mit einem zweischneidigen Ergebnis: auf der einen Seite ermöglicht sie unverkrampfte Kreativität, die in der Lage ist, Tabus aufzubrechen. Gleichzeitig führt sie dazu, daß überhaupt keine dauerhaften Symbole mehr aufgebaut werden können.

Das kann letztlich der Jugendkultur selbst zu schaffen machen – denn auch die eigenen Symbole sind vogelfrei und jedermann zugänglich. Nehmen wir nur das Beispiel der schweren Doc-Martens-Stiefel: In den 80ern waren sie Symbol der ganz harten Punks und Skins. In den 90er Jahren trugen sie dann 16jährige Gymnasiastinnen zum kurzen Rock. Schon war das Symbol tot. Oder das nette Wörtchen „cool", ein Grundbegriff der jungen Szenesprache: 1994 tauchte es in der Milka-Werbung auf, wo sich ein Alpenbauer eine Sonnenbrille aufsetzt und lächelnd „Is' cool, man" sagt. Sollte der Spruch zum Allgemein-Repertoire der deutschen Fernsehzuschauer werden, müssen sich die Szenen ein neues Wort suchen. Wieder ein Zeichen futsch.

Diese kurzen Verfallszeiten sorgen innerhalb der Jugendkultur dafür, daß immer schneller neue, unverbrauchte Symbole her müsen, die zumindest für kurze Zeit noch etwas bedeuten können. Die Sample-Kultur baut dem Trendkarussell gewissermaßen einen zusätzlichen Turbo ein.

Die Folgen der Multioptionalität

Halten wir fest: In der Jugendkultur ist es in den 90er Jahren zu einer längst unübersichtlichen Vielzahl von Optionen gekommen, die der Fragmentierung der modernen Persönlichkeit (Kapitel I.2.) entspricht. Alles ist möglich, alles ist verfügbar. Die Folgen muß man möglichst differenziert betrachten. Denn nichts ist nur gut, und nichts ist nur schlecht.

Im Zuge dieser Aufsplitterung haben Jugendliche natürlich viel mehr Möglichkeiten zur Herausbildung eigener kultureller Interessen und damit auch zur differenzierteren Persönlichkeitsbildung. Wo früher nur, vereinfacht gesagt, die Wahl zwischen deutschem Schlager oder Beatles und Elvis bestand, tut sich heute ein gewaltiges Spektrum auf. Wie in einem Selbstbedienungsladen. Nur darf man nicht vergessen, daß das nicht unbedingt auch eine Vielzahl der Inhalte bedeutet. Innerlich hat die Differenzierung des kulturellen Angebots schon einmal dazu geführt, daß es sehr viel leichter geworden ist, selbst kreativ zu werden. Nie war der Weg zum Radio-DJ so kurz wie in den Zeiten der zahllosen kleinen Lokalsender. Niemals war die Wahrscheinlichkeit, ein selbstproduziertes Video auch tatsächlich gesendet zu sehen, so groß wie in den Zeiten von zwei 24-Stunden-Nonstop-Musiksendern. Gleichzeitig entstehen immer mehr kontrollfreie Räume, weil die Vielfalt durch offizielle Instanzen immer schwerer zu maßregeln ist.

Doch gibt es auch die Kehrseite: Durch die unüberschaubare Vielfalt des Angebots verlieren die einzelnen Produkte an Wirkung. Alles ist so weit ausdifferenziert, daß zwar in allen möglichen Nischen Leute herumwuseln, dies aber grundsätzlich unter Ausschluß einer größeren Öffentlichkeit tun müssen. Möglicherweise nennt eine Jugendsendung in einem der vielen Berliner Privatsender den Bundeskanzler einen Faschisten. Wer kriegt's aber überhaupt mit? Die öffentliche Diskussion verebbt. 1977 ließen die Spießer sich noch durch Punk provozieren. Heute bleiben sie nicht nur beim Anblick von Sicherheitsnadeln und grünen Haaren cool, sie kriegen vieles einfach nicht mehr mit. Den Verlust des gesellschaftlichen Konsenses befürchten Medientheoretiker ja schon lange: Wenn jeder nur noch eigens auf ihn zugeschnittene Pay-TV-Kanäle empfängt, nimmt er irgendwann gar nicht mehr wahr, was eigentlich die anderen bewegt.

Gleichzeitig bringt die Multioptionalität echten Konsumstreß hervor. Immer weniger Zeit ist da, sich für eine Sache wirklich eingehend zu interessieren, immer mehr wird nur noch oberflächlich und kurz wahrgenommen, immer schneller muß man mit der Mode gehen. Das kostet natürlich Geld und vermittelt ein gewisses Unwohlsein: 1993 hatten bereits 56 Prozent der 14- bis 29jährigen in Deutschland das Gefühl, daß sie „in der Freizeit zuviel Geld ausgeben" (1986: 47 Prozent, 1989: 53 Prozent).[7] Die Zapping-Kultur des Fernsehens ist das augenfälligste – wenngleich kostengünstigste – Beispiel für diese Art der Wahrnehmung. Eine weitere Folge der Multioptionalität ist der unaufhaltsame Vormarsch der Unverbindlichkeit.

3. Was heißt schon wichtig? –
die Wunderwelt der Unverbindlichkeit

Für Sandra bedeutet das Aufstehen am Morgen immer wieder eine Überwindung höchsten Ranges. „Wozu eigentlich?" denkt sie sich jedesmal so gegen 7 Uhr 15. Ihren Job als Bankkauffrau hat sie jetzt zwei Jahre. Damals war sie froh, nach der Schule überhaupt eine Ausbildung machen zu können, heute ist sie angeödet. „Immer das gleiche, und das jahrelang", sagt sie. Und kann überhaupt nicht verstehen, wenn ihr Vater bellt: „35 Jahre habe ich geschuftet. Dann war der Rücken kaputt, weil ich zu viele Möbel geschleppt habe." Jetzt ist der Vater Frührentner und hat, nach eigener Aussage, „endlich Zeit für die wichtigen Dinge". Manchmal beneidet ihn Sandra darum, daß er weiß, was wichtig ist. Denn sie selbst ist sich da gar nicht mehr so sicher.

Die grassierende Multioptionalität hat nämlich dafür gesorgt, daß alle Dinge wichtig sind – oder daß sie allesamt unwichtig sind. Das bunte Nebeneinander der verschiedensten Angebote, Erlebnismöglichkeiten und Lebensstile hat dazu geführt, daß niemand mehr das Ganze überblicken kann. Und deshalb auch nicht mehr weiß, warum Erlebnis A wichtiger als Erlebnis B oder Erlebnis C sein könnte.

Diese Entwicklung wurde durch das Ende der Autoritäten (siehe Kapitel I.2.) eingeläutet und hat mittlerweile eine ungeheure Tragweite bekommen. Auch die Berufswelt verliert als feste Größe an Bedeutung. Daß Leistung und Erfolg das höchste Gut sind, haben uns die 80er bis zum Erbrechen in die Ohren geblasen: Geld – und damit ein schönes Leben – kriege nur, wer clever oder brav seinen Job erfülle. Doch die Generation X (siehe Kapitel IV.3.) hat auch in Deutschland kapiert, daß dieser Weg in die Sackgasse führt. Man will keine Karriere machen. Und muß sich deshalb auch nicht mehr anstrengen, um im Beruf weiterzukommen.

Selbst die vielbeschworene *Politikverdrossenheit* ist vor diesem Hintergrund anders zu verstehen als das Wort zunächst suggeriert: Nicht etwa hat man die Nase voll von der Politik, sondern man sieht einfach keinen Anlaß mehr zur Meinungsäußerung. Denn alle möglichen Meinungen werden von irgendeiner der unendlich vielen politischen Parteien und Gremien schon längst vertreten. Es gibt keinen Grund, auf diesen großen Haufen von Meinungsmüll noch einen zusätzlichen Beitrag zu werfen: Denn es hat sich noch nie etwas geändert, und es wird sich auch nichts mehr ändern.

Verbindliche Autoritäten oder Ideologien schrumpfen zusammen, die unüberschaubare Zahl der unverbindlichen Angebote wächst dagegen von Tag zu Tag. Um so schwerer fallen Entscheidungen, denn jede Entscheidung für etwas ist automatisch auch eine Entscheidung gegen etwas. Und das, was einem entgeht, wird immer größer und vielfältiger sein als das, für das man sich entscheidet. Die Folge ist das andauernde Gefühl, grundsätzlich etwas zu verpassen oder eine falsche Entscheidung getroffen zu haben. Wer kann mir schon beweisen, daß die Insel, auf der ich meinen Urlaub verbringen will, wirklich attraktiver ist als eine andere? Ich selbst jedenfalls nicht.

Nur weil das Angebot an Zerstreuungen gestiegen ist, bedeutet es noch keine größere Lust, in den 90er Jahren zu leben. Im Gegenteil: Die Fülle der Wahlmöglichkeiten macht dem Konsumenten den Kopf schwindlig. Und dieser Flut sind wir ständig ausgeliefert.

Dieser Freizeit-Terror führt folgerichtig zu einem Gefühl kompletter Überforderung: Jugendliche empfinden die Organisation der Zeit, die sie nicht in Arbeit stecken müssen, als Streß.[8]

„Ihr braucht mal wieder eine Zeit, in der euch der Wind so richtig um den Arsch pfeift", pflegt Sandras Vater zu bemerken, wenn bei seiner Tochter gerade mal wieder „Hängen im Schacht" angesagt ist. Er meint, daß richtiges Arbeiten noch immer das beste ist, um das Leben süß zu machen. Aber lohnt es sich wirklich, morgens nur dafür aufzustehen? Für den Job und die ganze Welt „da draußen?" Vaters Arbeit war für ihn verbindlich. Für Sandra ist gar nichts mehr verbindlich.

Deshalb suchen viele nach Ersatzverbindlichkeiten, Systemen, die in sich geschlossen und überschaubar sind. Die beiden

wichtigsten sind die Szenen (siehe Kapitel I.3.) und die Parallelwelten (siehe Kapitel IV.1.). Szenen ermöglichen durch ihren
jeweiligen Wertekatalog und das Vorbild Gleichgesinnter Halt
und Orientierung. Doch eine übergreifende Sinnstiftung können auch sie nicht leisten, abgesehen von wenigen extremen
Szenen, die das Leben ihrer Mitglieder vollständig einjustieren,
wie zum Beispiel die Skinheads. Wer keiner so starken Einzel-
szene angehört, muß in mehreren Szenen gleichzeitig zu Hause
sein. Deren Summe erhöht dann das Maß an Verbindlichkeit.

Parallelwelten bieten die Flucht in eine überschaubare Paral-
lelrealität. Denn bloß in andere Städte oder Länder zu fliehen,
bringt ja nichts mehr. Im Zeitalter der globalen Kulturnivellie-
rung findet man dort nichts anderes als das, was man schon zu
Hause hatte: MTV, Umweltzerstörung, Hamburger-Ketten,
korrupte Politiker, gesichtslose Fernsehkanäle, immer ausge-
bufftere Turnschuhe und die Allgegenwart der Werbung. Parallelwelten dagegen funktionieren anders. Streng nach dem Prinzip Freudscher Sublimation gestaltet man sie selbst – und findet schließlich alles, was man im wirklichen Leben vermißt:
Thrill, Herausforderung, Sinn. Oder einfach Ablenkung und
Zerstreuung.

IV. Reizüberfluß und neue Taktiken der Jugendkultur

1. Leben in der Parallelwelt –
Games, Fans und Raves

In den 90er Jahren öffnet sich eine Schere immer weiter: Die Realität des Alltags wird immer blasser und unattraktiver, gleichzeitig steigt das Angebot an Entertainment-Produkten und verschiedenen Formen von Zeitvertreib. Dadurch wird eine Bauernregel in Frage gestellt, die seit Jahrhunderten beachtet wird: Die Realität ist das Wichtige im Leben, alles andere ist zweitrangig. Eine derartige Polarisierung in Traum und Wirklichkeit ist heute überholt, Parallelwelten ergreifen in den 90ern mehr und mehr Besitz vom Denken, Fühlen und Tun der Jugendlichen.

Parallelwelten kann man betreten, sich darin verlieren, man kann sie wieder verlassen. Je öfter man sie nutzt, je mehr Zeit man in dieser fiktiven Realität verbringt – und das ist in unserem Jahrzehnt so perfekt wie nie zuvor möglich geworden –, desto mehr rückt die tatsächliche Welt an den Rand der Wahrnehmung.

Parallelwelten sind geschlossene Sinn-Systeme aufeinander bezogener Inhalte und Werte. Sie treten in der Jugendkultur vor allem in drei Formen auf: als Computer-Welten, als Hingabe an einen Star und als nächtlicher Party-Rausch. Tendenz: steigend.

Die Mythen der Computer-Kids

Wenn Oliver, 16, an das denkt, was im Leben spannend ist, nennt er „Indy Jones 4', die dritte ‚Werewolf'-Mission mit dem Comanche oder ‚Mortal Kombat'". Oliver ist ausgebildeter Hubschrauberpilot und routinierter Streetfighter. Er weiß, wie die Bevölkerung von Atlantis durch Platos Unterhaltung mit Hermocrates beschrieben wurde. Und nächste Woche wird er nach Monte Carlo fliegen, um dort einen prominenten Archäologen zu treffen.

Ein schönes, aufregendes Leben. Und das beste ist: Oliver muß nicht einmal sein Elternhaus verlassen, um diese Abenteuer bestehen zu können. Sie alle warten auf ihn in den Lesespuren seiner Computer-Festplatte.

Acht Millionen Rechner gibt es in deutschen Privathaushalten.[1] Und ein Großteil davon steht den Jugendlichen zur Verfügung: Eine an Bremer Schulen durchgeführte Untersuchung ergab, daß 80 Prozent der deutschen Jugendlichen Zugang zu einem PC haben.[2] Das kann der eigene sein, aber er kann auch dem Vater oder einem Freund gehören. Und schon früh wird die wunderbare Welt der Bits und Bytes betreten: Das durchschnittliche Einstiegsalter der Computer-Kids beträgt derzeit achteinhalb Jahre.

Wer so früh in digitale Welten reist, nimmt das dortige Geschehen ernst. Im Laufe der Jahre lernt man die Mythen und Märchen in RAM und ROM immer besser und inniger kennen, man wird findig beim Beschaffen neuen Materials. Aus der genannten Bremer Studie geht auch hervor, daß die Jugendlichen im Schnitt über ca. fünfzig Spiele verfügen. Durchschnittlicher Stückpreis: rund 100,– bis 120,– DM. Das können sie selbst natürlich nur schwer finanzieren. Also wird schwarz kopiert: 90 Prozent der Spiele sind illegal erworben.[3] Zum Teil unter Aufbietung erstaunlicher EDV-Kenntnisse.

Olivers Freund Marcus kennt sich aus im „Cracken" von Games. So lautet der Szene-Jargon für das Umgehen des Kopierschutzes von Spielen. Derartige Schutzvorrichtungen können unterschiedlicher Natur sein: Die meisten Spielehersteller bevorzugen heute den Handbuch-Schutz. Vor Beginn des eigentlichen Spiels erscheint eine Grafik auf dem Schirm, die nach einem besonderen Merkmal des zum Spiel gehörigen Handbuches fragt, etwa: „Wie lautet das dritte Wort der vierten Zeile des neunten Absatzes auf Seite 123 des Handbuches?" In der Regel hat der Prüfling drei Versuche, die Lösung nachzuschlagen. Versagt er, beendet sich das Spiel selbsttätig.

Einige Spiele gewähren Zugang zu den ersten Levels. Will man jedoch danach weiterspielen – und meistens wird es dann erst richtig spannend –, muß man zuvor einen Zugangscode eintippen.

Das kennen z. B. die Spieler des Abenteuers ‚Space Quest 4‘. In Gestalt des Weltraum-Desperados Roger Wilco kämpft man sich eine halbe Stunde lang durch eine apokalyptische Stadt in einem fernen Sonnensystem. Ist man glücklich allen Laser-Kanonen und Säurepfützen entkommen, hat man scharfsinnig alle Rätsel geknackt und endlich auch die Zeitmaschine zur Flucht gefunden, erscheint eine Tastatur auf dem Bildschirm. Sie sieht aus wie das Bedienerfeld eines Taschenrechners, der mit Symbolen einer außerirdischen Kultur bemalt wurde. „Please enter code" – diese Anweisung ist für jeden, der nicht im Besitz eines legalen Spiels samt Handbuch ist, das Aus. Und er wird niemals die noch verbleibenden vier bis sechs Stunden des Spiels erleben können. Die Parallelwelt setzt die Schwarzkopierer vor die Tür.

„Früher haben wir solche Spiele einfach gecrackt", erzählt Marcus, Mitglied eines Cracker-Zirkels in Gelsenkirchen. „Da haben wir mit dem Disk-Monitor nach der Programmzeile mit der Codeabfrage gesucht und die dann umgemodelt." Wie, das kann Marcus so recht nicht sagen: „Muß man halt immer ausprobieren."

Echte Informatik-Kenntnisse besitzen nur die wenigsten Cracker. Gerade einmal zehn Prozent der Jugendlichen rechneten sich 1992 zu den Computer-Freaks.[4] Der Rest – und damit das Gros – sind Tüftler mit viel Geduld und Zeit. Eine Umfrage der Agentur ‚Rauser Advertainment‘ ergab 1994, daß 65 Prozent der privaten Computer-Besitzer mehr als sechs Stunden in der Woche vor dem Rechner sitzen. 36 Prozent schalten ihren PC sogar täglich ein.[5]

Wer seine Mühe durch das Cracken eines Spiels belohnt sieht, drückt der in der Szene weitergereichten Raubkopie einen persönlichen Stempel auf. In der Basis-Version sieht das so aus, daß an der Stelle des Kopier-Schutzes eine triumphale Textzeile auftaucht wie „Da dieses Spiel von (Name des Crakkers) gecrackt worden ist, mußt du nur Return drücken, um weiterzuspielen." Es handelt sich dabei natürlich um Künstlernamen wie ,Overlord' oder ,C. U. Later', ,Quartex-Team' oder ,Unit A'. Die ausführlichere, nur von kenntnisreichen Crakkern benutzte Variante schaltet dem Spiel ein komplettes kleines Intro vor, in dem etwa die Cracker von ,Unit A', Darth Vader zu düsterer Musik auftauchen lassen und per Laufschrift verkünden, daß man ein gecracktes Spiel geladen habe. Ein Druck auf die rechte Maustaste startet dann das eigentliche Programm.

Diese Visitenkarten sind für die Cracker mehr als nur ein Spaß. „Klar ist man stolz, so eine Abfrage zu knacken. Du kannst das Spiel jedesmal spielen, wenn du willst, und mußt überhaupt kein Handbuch dazu haben. Außerdem wirst du bei den Zockern bekannt, weil dein Name im Vorspann steht", erklärt Marcus. Diese Versuchung, seinen (Szene)Namen per Bit und Byte zu verbreiten, ist für manche so groß, daß sie die bereits von Kollegen geknackten Spiele noch einmal knacken und an die Stelle der tatsächlichen Cracker ihren eigenen Namen setzen. Man schmückt sich mit fremden Federn. Deshalb greifen Cracker inzwischen zu den gleichen Methoden wie die Spieleproduzenten: Sie codieren ihre Programmierung, um den Zugang durch Disk-Monitor unmöglich zu machen. Das führt zu paradoxen Situationen: „Manche Intros sind besser geschützt", erzählt Marcus, „als die eigentlichen Spiele es waren."

Das Intro ist die triumphale Unterschrift eines ausgebufften Safe-Knackers in der Parallelwelt der integrierten Schaltkreise. Man hat einen binären Fingerabdruck in der digitalen Welt hinterlassen. Willentlich. Und man hat den großen Software-Produzenten ausgetrickst und „denkt, daß einem der Dank von Generationen von Zockern gewiß ist".

Man crackt natürlich, um noch mehr Spiele zur Verfügung zu haben. Dabei ist das Gros der Computer-Kids jedoch auf die Versorgung durch die Szene angewiesen. Nur die wenigsten beherrschen eine der höheren Programmiersprachen wie ,C' oder ,Assembler', in denen die meisten Spiele geschrieben werden. Allen gemeinsam ist nur, daß sie immer mehr wollen. Aus einem triftigen Grund: Je mehr Spiele, desto mehr Parallelwelten, in die man eintreten kann.

Was man darin findet, sind Abenteuer in anderen Zeiten, Ländern und Welten. Alles ist verfügbar, alles ist machbar. Man kann als Weltraum-Pirat in fernen Galaxien freibeuten, als Korsar im 17. Jahrhundert die Karibik unsicher machen oder sogar als Gott seine eigene Welt von der Schöpfung bis zur Apokalypse treiben.

Action-Spiele

Im Volksmund „Ballerspiel", im Branchen-Jargon „Shoot'em Up" genannt. Simple Aufgabenstellung: Man hat Schußwaffen zur Verfügung und muß in möglichst kurzer Zeit alle Gegner – galaktische Monster, feindliche Soldaten oder Streetgang-Gegner – beseitigen. In der Regel wartet am Ende eines jeden Levels – dessen Schwierigkeitsgrad sich kontinuierlich mit dem Weiterkommen steigert – ein letzter Gegner, der mächtiger als alle vorherigen ist. Die zweite Variante heißt „Beat'em Up". Dabei wird die Schußwaffe durch Fäuste und Füße ersetzt. Populäre Vertreter der beiden Gattungen: ‚Mortal Kombat', ‚Streetfighter I' und ‚II', ‚Doom', ‚Alien Breed', ‚Comanche'.

Jump'n Run

Eine der ältesten Spielegattungen: Schon das legendäre ‚Pac-Man' sorgte Anfang der 80er auf dem C64 für Suchterscheinungen. Das Spielprinzip der ‚Jump'n Runs': Man steuert eine Spielfigur, das kann ein persischer Prinz, ein Klempner aus Brooklyn oder auch nur eine banale Kugel sein, durch verschiedene Levels, sammelt Gegenstände und muß Kollisionen und Abstürze vermeiden. Für jede geglückte Aktion erhält man Punkte. Sehr populär auf Spielekonsolen und →Handhelds wie dem Nitendo Game Boy und dem Sega Game Gear. Bekannte Namen: ‚Super Mario Bros', ‚Prince Of Persia' oder ‚Sonic The Hedgehog'.

Handheld

(Engl.: in der Hand gehalten) Minicomputer mit LCD-Display, die in jede Hosentasche passen. Der Begriff bezeichnet eigentlich alle Computer dieser Art, in der Jugendkultur ist Handheld jedoch mittlerweile zu einem Synonym für den Game Boy geworden, einem Spielsystem, das man immer und überall dabei haben kann.

Sportspiele

In der Regel die detaillierte Umsetzung einer real existierenden Sportart für den Computer. Man kann vom Sessel aus Weltrekorde rodeln, Ski-Schanzen-Sprünge perfektionieren oder Eishockey-Gegner verprügeln. Beispiele: ‚Links 386 Pro‘ (Golf-Spiel), ‚Sensible Soccer‘, ‚Winter Games‘ und ‚NHL Hockey‘.

Adventure

Wenn man je in die Haut eines anderen Menschen schlüpfen wollte, hier kann man es perfekter als in allen anderen Spielen: Abenteuerspiele sind die perfekte Transformierung in eine parallele Realität. Der Spieler steht vor komplexen Aufgaben, die ihn Wochen oder Monate beschäftigen, bis er am Ziel angekommen ist. Adventures sind wie Spielfilme, in denen man die Hauptrolle spielt. Deshalb gibt es auch mehr und mehr Umsetzungen oder Parallelproduktionen von Filmen. Einige Adventure-Spiele haben bereits legendären Status erreicht: ‚Larry Laffer‘, ‚Space Quest‘, King's Quest‘ oder ‚Indiana Jones‘. Weitere populäre Vertreter: ‚Sam & Max‘, ‚Day Of The Tentacle‘, ‚Monkey Island‘, ‚Return To Zork‘, ‚The Lost Files Of Sherlock Holmes‘.

Strategie- und Denkspiele

Hier ist kaum Action gefragt, dafür aber Kombinationsvermögen und vorausplanendes Handeln. Es geht etwa darum, Städte in ihrer Infra-, Sozial- und Wirtschaftsstruktur aufzubauen (‚Sim City 2000‘), ganze Welten wie ein Gott zu erschaffen und gegen einen anderen Gott zu verteidigen (‚Populous‘), eine Eisenbahnlinie zu etablieren und als Manager zu führen („Railroad Tycoon‘), kleine willenlose Lemminge durch feindliche Fantasy-Welten zu lotsen („Lemmings‘) oder ein Piraten-Imperium im 17. Jahrhundert zwischen Vera Cruz und Trinidad aufzubauen („Pirates!‘). Der Urvater dieser Spiele ist das heute vergleichsweise schlicht anmutende, aber geniale ‚Tetris‘, das nach wie vor gespielt wird und beim Nintendo Game Boy zur Grundausstattung gehört.

Rollenspiel

Man hat einen oder mehrere lernfähige Charaktere zur Verfügung, die sich durch verschiedene Fähigkeiten auszeichnen und voneinander unterscheiden. Im Laufe des Spiels muß man sich durch (Unter)Welten, Kerker-Labyrinthe oder Zauberschlösser kämpfen. Bekannte Namen: die ‚Ultima‘-Reihe, ‚Betrayal At Krondor‘, ‚Lands Of Lore‘.

Simulationen

Wer wollte nicht schon mal einen Formel-1-Boliden oder einen Airbus pilotieren? Simulationen garantieren risikolose Grenzsituationen in der virtuellen Welt. Es gibt alle denkbaren Szenarien: in der Luft, auf dem Land, zu Wasser und im Weltraum. Beispiele: ‚Microsoft Flightsimulator‘, ‚Formula One Grand Prix‘, ‚Stunt Island‘ und ‚Silent Service‘.

Alles funktioniert in diesen Spielen fast wie im richtigen Leben. Und doch ist die Parallelwelt für viele Jugendliche weit erstrebenswerter als der Alltag. Denn deren Hauptproblem ist aufgehoben: die Unumkehrbarkeit der Zeit – und damit auch der Tod. Wurde man in ‚Street Fighter‘ von der gegnerischen Gang zusammengeschlagen, hat man praktisch unendlich viele Versuche, es ihnen heimzuzahlen. Ist man mit dem Doppeldekker tödlich abgestürzt, steht nach jedem Spielstart wieder ein nagelneuer im Hangar. Das ist das Erfolgsgeheimnis der Computerspiele: Wer wagt, gewinnt immer; wenn nicht beim ersten Anlauf, dann eben beim vierten oder beim dreizehnten. So funktioniert eine Droge. Man berauscht sich an „absolut harmloser Lebensgefahr", am Handeln ohne Konsequenz. Was sich eigentlich jeder wünscht, ist in den Computerspielen immer perfekter verfügbar.

Aber obwohl sie dem Tod permanent ein Schnippchen schlagen, haben die Computer-Spiele selbst deshalb doch kein ewiges Leben. Ein Spiel, das man gelöst hat, wird unattraktiv. Man löscht es, legt es ins Archiv oder tauscht es gegen neue digitale Herausforderungen ein. „Sonst ist da keine challenge mehr", sagt Marcus.

Fan-Kultur

Die Fan-Kultur kennt ebenfalls ihre „challenge" – die ersehnte Nähe zum Idol. Und dieses Idol ist König der von ihm geschaffenen Parallelwelt. Sprichwörtlich sind seit eh und je Teenie-Phantasien, in denen man davon träumt, daß ausgerechnet das eigene Idol genau der Mann oder die Frau des eigenen Lebens wird. Und daß man fortan in rauschhaftem Glück mit ihm oder ihr bis zum Jüngsten Tag lebt.

Fans sind so alt wie die Pop-Musik. Aber wir interessieren uns hier nicht für Mega-Stars wie Michael Jackson oder Madonna. Darüber wurde schon mehr als genug geschrieben. Die 90er haben eine andere Form der Fan-Kultur zu bieten. Sie wird bedingt durch drei Faktoren: durch die Aufsplitterung und Aussegmentierung der Pop-Stile (vgl. Kapitel II.2.), die Schnellebigkeit der Produktzyklen und die generelle Ausweitung des Star-Begriffes. Heute können nicht nur Schauspieler und Musiker, sondern auch Models, Porno-Darsteller oder Sportler Stars mit Idol-Funktion sein. Dadurch steigt die Menge der verfügbaren Objekte, die angebetet und angehimmelt werden können – und damit wiederum die Menge der Parallelwelten.

Christiane Peters, Pressesprecherin des ‚Starlight Express'-Musicals in Bochum, kennt dieses Phänomen: „Wir haben hier ganze Teenie-Cliquen aus dem Sauerland vor der Tür stehen, die stundenlag darauf warten, um einen Blick auf Rusty (den Helden des Musicals, die sympathische Dampflok) zu werfen, wie er ungeschminkt aussieht." Dabei ist Rusty natürlich kein Star im internationalen Sinn. ,Starlight Express' beschäftigt ausnahmslos junge Tänzer und Sänger, die das Engagement in Bochum als Sprungbrett für eine Karriere nutzen wollen. Keiner dieser Künstler hat bislang solche Dimensionen des Starrummels hervorgerufen, die vermuten ließen, daß er ein Pop-Idol sein könnte. Trotzdem muß sich niemand über mangelnden Fan-Zuspruch beklagen.

„Rusty ist ehrlich, das ist er", erklärt Silke, 15, aus Wetter an der Ruhr ihre Leidenschaft für die Musical-Figur, „und Ehrlichkeit gibt es heute viel zu wenig. Die meisten lügen doch." Wer sind denn diese meisten? „Na, eigentlich alle, vielleicht nicht meine Eltern und so, aber sonst alle." Und Rusty lügt nicht? „Nein, Rusty lügt eben nicht. Der zeigt, wenn es ihm dreckig geht, und der singt ja auch darüber." Und am Ende ist Rusty sogar der Sieger im Musical-Wettkampf zwischen E-Lok und Dampfrössern.

Rusty lügt eben nicht. In einer Welt, in der man ständig mit taktierenden Politiker-Aussagen, lockenden Werbebotschaften und coolen Image-Idealen zu tun hat, ist Ehrlichkeit zu einer erstrebenswerten Tugend geworden, die es nur noch in Parallelwelten gibt. Der Fan projiziert seine Wunschvorstellung auf das Idol. Das muß aber nicht, wie in Silkes Fall, die Sehnsucht nach Ehrlichkeit sein. Man kann auch Sex-Appeal, Erfolg, Aufrichtigkeit, Hemmungslosigkeit, Willenskraft oder Schönheit erstreben. Und nach und nach entsteht eben ein geschlossenes Sinn-System aufeinander bezogener Inhalte und Werte. In dieser Parallelwelt findet man Trost, Hilfe und Gewißheit: Rusty würde nicht so eklig zu mir sein! Was würde Rusty in meiner Situation tun?

Fans sind natürlich auch in Sportstadien, in Kinos, vor dem Fernseher und hinter aufgeklappten Buchdeckeln zu finden. Der Fußball-Fan in der Nordkurve, der ,Star Trek'-Trekkie, der Al-Bundy-Fan, die leidenschaftlichen Leser von ,Per Anhalter durch die Galaxis' – sie alle suchen den Eingang in eine Parallelwelt.

Rave: Nightlife als Lebensform

Die Tage vom 25. bis zum 28. August 1994 waren für Arne aus Leverkusen ein einziger Rausch. Ununterbrochen hämmerten Techno-Beats aufputschend in seine Ohren, während er zwischen Meeresniveau und 10 000 Metern Höhe, zwischen Kreta, Amsterdam und Köln pendelte. Und alles für 499,– Mark. Möglich machte das der Tabak-Konzern R. J. Reynolds Tobacco GmbH, noch genauer gesagt die Marke ‚Camel'. ‚Airave' nannte sich diese Werbemaßnahme. Sie war zwar „nur" ein Werbeschachzug, aber in ihrer Konsequenz eine Reaktion auf einen Trend, der sich aus dem Nightlife (vgl. Kapitel II.5.) entwickelt hat: dem Rave-Phänomen. Nachts, da wird gelebt. In der Disco oder auf der Party, und nur mit den Leuten zusammen, mit denen man zusammen sein will. Man trägt die Klamotten und hört die Musik, die man wirklich mag. Hedonismus in Reinkultur. Das restliche Leben versinkt für die Raver, sobald es dämmert.

Rave ist umfassender als andere Parallelwelten. Rave versucht sich völlig von der Realität zu verabschieden:

- Rave dehnt die Zeit aus;
- Rave schafft einen Trance-Zustand;
- Rave überwindet physikalische Grenzen;
- Rave schafft eine Ästhetik, die nicht von dieser Welt ist.

„Wie oft ich am Wochenende rausgehe? Na immer natürlich", sagt Nathalie, 21, aus Rheinberg fast entrüstet: „Glaubst du etwa, ich häng mich vor die Glotze?" Der Begriff „Wochenende" ist für Nathalie dabei weit gefaßt: „Also donnerstags gehe ich immer raus. Und freitags, samstags, sonntags natürlich auch." Die Ausbildung zur Industriekauffrau in einem niederrheinischen Betrieb muß dann eben flexibel gehandhabt werden: „Wenn ich donnerstags raus bin, dann komm ich vor drei oder vier Uhr nicht nach Hause." Um 7 Uhr beginnt allerdings schon der Arbeitstag. Kein Problem für Nathalie: „Dann dös' ich eben im Büro so vor mich hin. Da ist sowieso nichts los." Nachmittags legt sich Nathalie dann aber ein oder zwei Stun-

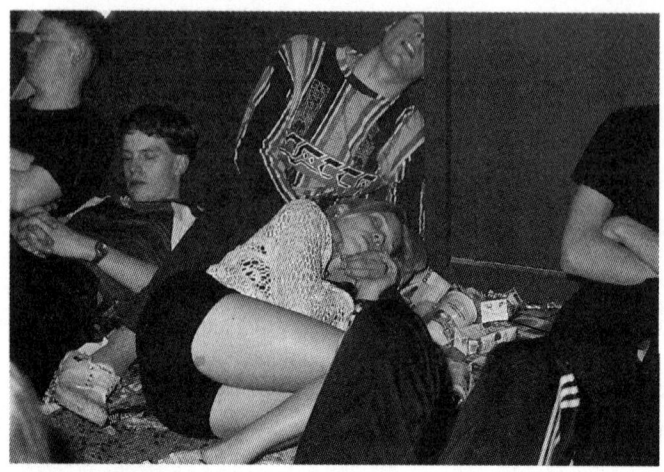
Techno-Rave: Tanzen bis zur Erschöpfung.

den schlafen. Sie muß sich schließlich für den Nightlife-Marathon am Wochenende fit halten.

Die Discos haben die Nacht zum Reich der Jugendlichen gemacht (siehe Kapitel II.5.). Rave-Kultur geht noch einen Schritt weiter: Sie erobert auch den Tag – man hört eben einfach nicht auf zu tanzen, nur weil der Tag anbricht. „Da denk ich überhaupt nicht mehr ans Büro", sagt Nathalie, „das würde mir ja die Laune verderben." Auf einem Rave gelten nur zwei Dinge: gute Laune und Spaß. Weidlich wird man entschädigt für den Frust und die Tretmühle des Alltags.

Am intensivsten werden diese Parallelwelten von Techno-Fans bereist. Techno-Veranstaltungen erstrecken sich länger als die meisten anderen Partys der Jugendkultur. Bis zu 72 Stunden haben Raver schon ohne Unterbrechung gefeiert. 1994 besann man sich allerdings wieder auf kürzere Events: Auf der ‚Mayday' 1994 in Dortmund tanzte man nur noch 16 Stunden.

Auch normale Clubnächte, die in der Regel zunächt nur bis zum Morgengrauen dauern, müssen dann noch nicht zu Ende sein: In sogenannten „After Hours"-Clubs wird ab 7 Uhr morgens bis zum frühen Nachmittag weitergefeiert. Im Sommer 1994 war ein „After Hours"-Angebot in angesagten Club-Discos fast obligatorisch. Wichtig: Man wechselt zur „After Hours"-Staffel die →Location.

Location

Im Branchenjargon von Fotografen, Konzert- und Partyveranstaltern der Ort, an dem eine Veranstaltung stattfindet. Mittlerweile hat sich Location im allgemeinen Sprachgebrauch jugendlicher Szenen zu einer umfassenden Bezeichnung für die Orte der Jugendkultur gewandelt. Beispiel: „Und in welcher Location findet die Party statt?"

Von Schönberg bis WestBam

Die Ausdehnung der Zeit ist *ein* Grund für die Macht der Parallelwelt Techno. Doch es gibt noch einen weiteren: die Musik. Unter landläufigen musikästhetischen Kriterien wird Musik, für die Stars wie WestBam oder Sven Väth stehen, oft abgelehnt und als mechanisch, unmelodisch und brachial laut diskreditiert. Das trifft alles zu. Und gerade deshalb ist Techno so groß. Denn die mechanisch pulsierenden Beats – sie sind in der Regel bei etwa 130 Schlägen in der Minute (bpm) angesiedelt – sorgen für eine regelrechte meditative Versenkung, die freilich rein sensomotorisch funktioniert.

Solche Musik hatte es im westlichen Kulturkreis immer schwer. Selbst Maurice Ravel erntete für seinen hypnotisch immer die gleiche Melodie wiederholenden ‚Bolero' harsche Kritik. Zwischen diesem Stück und Techno liegen zwar Welten, aber das Prinzip ist beiden gemeinsam.

Über diesen Rhythmus-Orgien drehen sich Klangmuster wie die Glassplitter eines Kaleidoskops. Sie allein sorgen für eine sinnliche Komponente des Ganzen, und damit für Wiedererkennbarkeit; sie haben eine der Melodie vergleichbare Funktion angenommen. Wer will, entdeckt hier rudimentäre Übereinstimmungen mit der Klangfarben-Melodie der Zweiten Wiener Schule. Anton Weberns sechs ‚Stücke für Orchester' (opus 6) führten 1913 die gezielte Veränderung des Klanges als wesentliches strukturstiftendes Mittel in die Musik des Abendlandes ein und stießen deshalb auf blankes Unverständnis.

Und wer noch weiter geht, findet in Techno sogar eine sachte Reminiszenz an eine bei Richard Wagner hochgerühmte Auflösung der sangbaren Form: die unendliche Melodie. Will sagen: Die in sich geschlossene Folge von Kadenzen, wie sie die europäische Musik beherrscht, ist einem ewigen Fluß von Harmonien und Tonfolgen gewichen. Isolierbare Techno-Stücke existieren nicht mehr, jeder Titel ist vielmehr ein Vorrat an Klängen und Rhythmen, die der DJ an jedem Abend neu und live zusammenmixt. Ein ewiger Baukasten, der im Rahmen einer völlig funktionalisierten Musik ständig neu kombiniert wird. Es gibt keine Intros, keine Übergänge und keine Schlußakkorde mehr. Sondern nur noch Techno. Stundenlang, manchmal tagelang. Mit dem Ergebnis, daß wahrnehmbare Zeitstrukturen in den Hintergrund treten. Techno ist Meditation im Maschinenzeitalter.

Nicht von dieser Welt

Techno geht aber noch weiter als alle anderen gegenwärtigen Parallelwelten. Man versucht, die physischen Grenzen des menschlichen Organismus zu überwinden: Durch aufputschende Mittel wie Energy-Drinks (siehe Kapitel I.3.), die auch schon mal durch Designerdrogen ergänzt werden, soll die biologische Uhr angehalten, der Rhythmus von Schlaf und Wachen durchbrochen werden. Und dadurch wird die Zeit nicht nur im Kopf, sondern tatsächlich auch physikalisch gedehnt.

Auch die Techno-Ästhetik ist nicht von dieser Welt. Man entwirft künstliche Landschaften und kybernetische Ornamente, die auf Vorbilder in der Realität völlig verzichten. Es gab sogar schon eine Leistungsschau derartiger Techno-Kunst: ‚Chroma Park' im Frühjahr 1994 in Berlin. Diese virtuellen Computerbilder liefern die Video-Clips zu den Techno-Stücken. Und weder Ton noch Bild haben irgendeine Verbindung zur physischen Realität beibehalten: Ordnungsraster wie Zeit, Ort und Raum werden als störend empfunden, alles, was „an da draußen" erinnert, wird eliminiert.

2. Spiel ohne Grenzen – Thrilling – Sex-Tabus und Erlebniskultur

Auf der Suche nach den letzten Sex-Tabus

„Ich habe in den Discos nichts mehr verloren", stöhnte ein Bekannter von uns aus Köln, gerade mal 25 Jahre alt, als er die Stadtillustrierte mit den Veranstaltungstips für den nächsten Monat durchgeblättert hatte: „Ich interessiere mich weder für Transvestiten-Shows, noch stehe ich auf Sado-Maso, Gummi-Kleidung oder Männer-Strip. Wahrscheinlich bin ich langweilig."

Wir konnten ihn natürlich beruhigen. Die allermeisten Discos sind nach wie vor auf den stinknormalen Hetero-Mainstream ausgerichtet, der ganz simpel und herkömmlich baggern will. Was er aber meinte: Seit Anfang der 90er häufen sich Party-Events, für die man Anfang der 60er zweifellos noch vor Gericht gekommen wäre: München meldete ‚Fake Orgasm Parties' im Babalu Club. Dabei simulierten Freiwillige auf der Bühne möglichst naturnah Orgasmen und konnten sich so attraktive Preise erstöhnen. Die Reihe mußte abgesetzt werden, weil zu viele Spanner aufliefen, die anschließend auf der Toilette handgreiflich wurden. In Schweden wurden Luft-Sex-Partys veranstaltet, bei denen man möglichst lebensecht mit einem imaginären Partner kopulieren mußte. Aus Paris drang die Kunde von – allerdings nicht öffentlichen – Feten mit Masturbationsspielchen. In der New Yorker Disco ‚Limelight', einer ehemaligen Kirche, gibt es ein Loch in der Wand, in das man auf gut Glück seinen Penis stecken kann. Und überall wimmelte und wimmelt es von Sado-Maso (S/M) und Bizarr-Partys. Weibliche Gäste, die oben ohne oder mit mehr oder weniger transparenten Hemdchen auftauchen, sind sowieso schon an der Tagesordnung. Das frivole Spiel mit den Tabus hat Hochkonjunktur.

Gerade die Sado-Maso-Welle zeigt dabei sehr deutlich, was vor sich geht. Noch 1990/91 war die Welt der Sadisten und Masochisten – und der teilweise, aber nicht immer verwandten Fetischisten – ein abgeschlossener Tabu-Kosmos, in den sich keine Außenstehenden, und schon gar nicht die Jugendlichen, hineintrauten. Wer darüber etwas wissen wollte, war auf die Sensationsberichterstattung von Illustrierten angewiesen, die regelmäßig ihre Leute in die Folterkeller schickten, um spannende Geschichten herauszubringen. Woanders waren kaum Sex-Themen zu finden, mit denen man die abgebrühten Leser noch hätte fesseln können: Schwule und Lesben hatten längst ausführlichste Coming-Outs gefeiert, selbst am bayerischen Ammersee wurde inzwischen nackt gebadet, und die Privatsender überfütterten ihre Zuschauer am Wochenende mit Softpornos. Die S/M-Szene war einer der wenigen echten Tabu-Räume des Sex-Kosmos geblieben. Aber gerade deshalb mußte sie früher oder später enttabuisiert werden.

Warum? Weil in einer Welt der Reizüberflutung eingeführte Reize immer schneller stumpf und uninteressant werden. Der Mainstream-Sex mit einem andersgeschlechtlichen Partner feiert im Deutschland der 90er Jahre ja nicht gerade seine beste Zeit. „Es wird weniger koitiert als je zuvor", stellt der Sexforscher Ernest Borneman fest.[6] Er arbeitet an einem Schwanengesang mit dem Titel ‚Nachruf auf die Heterosexualität'. Das mag überstürzt sein, doch einige Zahlen geben ihm recht: Die Hirnstromerregung bei Orgasmen soll 1978 bei Frauen und Männern einen Skalenwert von 190 erzeugt haben. Dieser Wert sackte kontinuierlich auf derzeit 170 ab. Bei 150 soll angeblich Schluß sein, ‚Focus' stellte lakonisch fest: „Dann ist der Sex ausgepunktet. Dann gibt es andere Gefühle, deren Gewinn bei gleicher ‚Anstrengung' mehr Fez verspricht."[7]

Um den drohenden Ausverkauf der Sexualität aufzuhalten, müssen ständig neue, stärkere Reize her, die tatsächlich noch aufregen. Diese Stimuli müssen in immer entlegeneren Winkeln gesucht werden – wie beim Abbau von Kohle oder Öl: Je mehr bereits gefördert ist, um so tiefer muß man bohren, um weiterhin fündig zu werden.

„Die Leute suchen immer was Neues, deshalb gibt es auf Bizarr-Partys zur Zeit sehr viel Zulauf von neuen Leuten, die nicht aus der einschlägigen Szene kommen", erklärte uns die Party-Organisatorin Karin Grigat 1993 das Phänomen. Schnell bemerkte man nämlich, daß man mit der neuen Nachfrage Geld machen konnte. Viele alte S/M-Hasen freuten sich bei den Partys auf neue Gesichter – und Bizarr-Boutiquen davor und danach auf neue Kundschaft. Kollektionen von Jean-Paul Gaultier oder Thierry Mugler sorgten rechtzeitig dafür, daß Gummi-, Lack- und Leder-Outfits ihren Schmuddel-Touch verloren. Es kam zu einem regelrechten Boom von Bizarr-Partys, auf denen immer mehr Neugierige auftauchten, die meist aus der Disco-Szene stammten. Da darf die dominante Herrin ihren männlichen Sklaven schon mal am Halsband ausführen und dann vor allen Leuten so richtig herumkommandieren. Spanner sind unerwünscht. So schreibt zum Beispiel die Mönchengladbacher Disco ‚Atomage' für ihre Bizarr-Partys einen strengen → Dresscode vor: Lack, Leder oder sündig – was soviel bedeutet wie „mindestens in komplett schwarzer Kleidung".

Dresscode

Kleidungsvorschrift in Diskotheken. Wird meist in Edel- und Erlebnis-Discos offiziell definiert (vor allem: keine Turnschuhe!), in Club-Discos aber inoffiziell ebenfalls angewandt.

Wer sich allerdings diese Partys als moderne Varianten altrömischer Orgien vorstellt, sollte sich das Geld für den teuren Domina-Dress und die Eintrittskarten sparen: Alles dreht sich im Prinzip um das gute alte Sehen-und-Gesehen-Werden. Dazu gibt's laute, elektronische Musik und einige mehr oder weniger gewagte Performances. „Es wird maximal gewichst", weiß der Berliner Party-Veranstalter Manfred Oschatz. Und das meist auch nur auf der Toilette, denn „die primären Geschlechtsmerkmale müssen bedeckt bleiben", betont Frau Williams

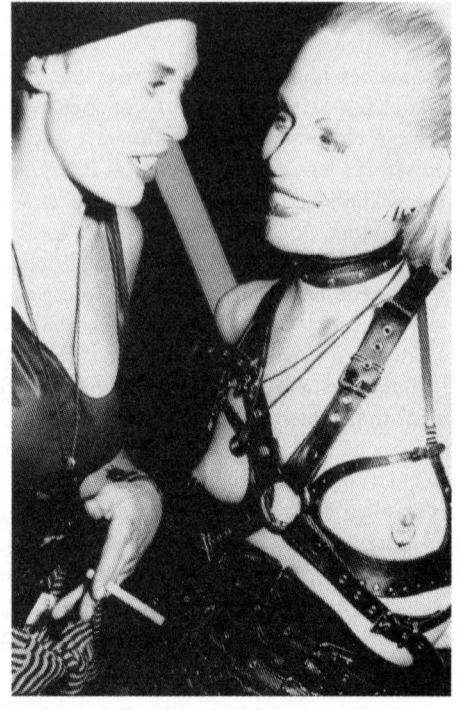

Suche nach dem letzten Tabu: Bizarr-Mode.

(Szenename), die Münchner Veranstalterin der ‚Excentric Fashion Nights'. Eine Tabuverletzung mit doppeltem Boden also.

Reize werden gesucht, führen aber immer seltener zu wirklicher Action. Eine „Onanisierung" des menschlichen Trieblebens haben Forscher in diesem Zusammenhang festgestellt. Die Leute wollen schauen, aber nicht selbst in die Geschehnisse hereingezogen werden. „Voyeurismus" nennt Matthias Horx das Phänomen.[8] Im Zuge des Voyeurismus verlieren der partnerschaftliche Sex und die Prostitution stark an Bedeutung, dafür boomt – auch bei Jugendlichen – die isolierte Handarbeit.

Ungeheuren Erfolg hat Telefonsex. Schätzungsweise 70 000 Anrufer springen täglich auf Inserate an, die versprechen: „Du rufst mich an, ich mache den Rest!" oder „Wenn schon, dann aber die richtige Nummer!" Für rund drei Mark die Minute gibt es dann Konferenzschaltungen mit anderen privaten Teilnehmern (,Party Lines') oder auch individuellen Service von Profis, etwa das ,Blaskonzert' von „Sex Explosion". Die Anrufer sind keineswegs nur verklemmte 50jährige Trenchcoat-Träger. Auch in die jungen intellektuellen Großstadt-Szenen hat Telefonsex Einzug gehalten und wurde bereits als Thema durch sämtliche Illustrierten gereicht. Nicholson Bakers Erfolgsroman ,Vox' machte Telefonsex sogar in der Literatur salonfähig: Ein Paar lernt sich darin über den erotischen Kontaktservice kennen und lieben. Selbst linksalternative Stadtzeitungen muß man heute nur bis ganz nach hinten durchblättern, um einschlägige Anzeigen zu finden.

Selbstbefriedigung ist mittlerweile auf breiter Ebene selbstverständlich geworden. Nach einer Umfrage des Magazins ,Prinz' bei 1352 deutschen Männern zwischen 18 und 23 onanieren nur etwa 5 Prozent der Befragten nie, dafür aber fast 30 Prozent täglich.[9]

Pornofilme erleben in den Videotheken einen wahren Boom. Entsprechend „gut sortierte Hardcore-Sortimente" werden immer größer. Über einen Decoder ist auch Deutschlands erster Porno-TV-Kanal von Teresa Orlowski zu empfangen.

Die Öffentlichkeit ist fasziniert vom Phänomen Cyber-Sex. Die Vorstellung, über gefühlsechte Sensoren, die am Körper angebracht werden, sexuelle Stimulationen per Computer zu übertragen, verspricht die Möglichkeit, mit einem Partner zu schlafen, den man nie kennenlernt – vielleicht auch nur noch mit dem Computer selbst. Das scheint so verheißungsvoll zu sein, daß Cyber-Sex, obwohl technisch bislang kaum entwickelt, in allen Medien von ,Spiegel' bis ,Boulevard Bio' ausführlich vorgestellt wurde.

Junge Szenen auf der Suche nach „Erlebnis-Techniken"

Was für den Sex gilt, gilt auch für weitere Teile der übrigen Lebenswelt der Jugendlichen. Eine Welt, in der die Herausforderungen geringer geworden sind, schreit förmlich nach immer verfeinerten Strategien, um wirklich noch etwas Aufregendes zu finden. „Erlebnis-Techniken" nennt sie Brigitte Melzer-Lena, Leiterin des Münchner Instituts für Jugendforschung (IJF): „Die Jugend hat eine erstaunliche Technik entwickelt, wie sie sich die subjektiv erstrebenswerten Highlights dieses Lebens herauspickt. Die Jugend ist keineswegs auf dem *Rückzugs*-Trip, sie ist auf dem *Intensitäts*-Trip."[10]

Die Kicks, die sich die Jugendlichen verschaffen, können von Reisen ausgelöst werden, von Drogen, Konsumgütern, Modeartikeln, was auch immer. Bei allen diesen relativ verbreiteten Kicks besteht jedoch die Gefahr der zügigen Entwertung. Andere waren auch schon in Südamerika – über solche Reisen kann man ja überhaupt nichts mehr erzählen, ohne bei den Zuhörern auf eine Mauer an Besser-Wissen oder Gar-nicht-mehr-wissen-Wollen zu stoßen. Viele andere Kicks sind auch schon deshalb entwertet, weil die vorangegangenen Generationen diese Möglichkeiten radikaler vorgelebt haben: Drogen, freie Liebe, Provokation des Systems? Alles schon dagewesen.

In diese Lücke stößt die jugendkulturelle „Thrilling"-Strategie. Thrilling ist darauf aus, immer noch eins draufzusetzen, immer neue Nervenkitzel aus der Freizeit herauszuholen. Das prägnanteste Beispiel für Thrilling-Strategie ist der Boom der Extremsportarten in der ersten Hälfte der 90er Jahre. 150 000mal war man bis Mitte 1994 in Deutschland bereit, 150 Mark zu zahlen, um an einem Bungee-Seil von einem Kran zu springen. Immer mehr Leute betreiben Freeclimbing, Fallschirmspringen oder rasen mit Mountainbikes steile Abhänge hinunter. Harte Kampfsportarten wie Kick-Boxen haben Hochkonjunktur.

„Es gibt viele Leute, die einen normalen Alltag haben und die irgendwo eine Ersatzbefriedigung suchen", schätzt Torsten Görke, dessen Agentur Team Action Sports die meisten Bungee-Veranstaltungen und andere Extremsportarten anbietet. „Das konnte früher nicht geschehen. Nach dem Krieg haben die Leute Deutschland aufgebaut. Die wären nie auf die Idee gekommen, von irgend etwas herunterzuspringen, die waren froh, wenn sie ihre Ruhe hatten. Und irgendwann ist dann eine Generation gekommen, die alles hatte. Und wenn du dann noch einen Job hast, der dich nicht richtig ausfüllt, dann suchst du irgendwie eine Ersatzbefriedigung."

Bungee tauchte zum ersten Mal 1990 in dem Film ‚Fire, Ice & Dynamite' auf, in dem der Stuntman Jochen Schweizer, an einem Seil befestigt, von einer Staumauer sprang. Schweizer drehte selbst einige kleine Filme, in denen auch Bungeesprünge zu sehen waren. Nachdem der Film ‚Over The Edge' in München gezeigt worden war, bot Schweizer Ende 1990 die ersten Sprünge für Interessierte an. Prompt waren 100 Leute da, die bereit waren, für 250 DM zu springen. Das Ganze kam so gut an, daß seit 1991 regelmäßig in ganz Deutschland gesprungen wird. Zuerst waren es die Leute aus den experimentierfreudigen jungen Szenen, die für alle neuen Trends zu haben sind. Aber nach und nach sprang schließlich auch Otto Normalverbraucher. Görke: „Irgendwann hatte dann jeder in seinem Bekanntenkreis jemanden, der schon Bungee gesprungen war. Wie ein Schneeballsystem funktionierte das dann: Du konntest im Prinzip überall aufbauen, es waren immer Leute da, die springen wollten."

Warum gerade Bungee? „Bungee ist deshalb so erfolgreich, weil du dafür keine Ausbildung brauchst. Egal wie dick du bist, wie dünn, egal, was du anhast, spielt alles überhaupt keine Rolle", erklärt Görke, „du kannst sofort loslegen. Der zweite Aspekt ist, daß es örtlich sehr ungebunden ist. Du mußt nicht irgendwohin fahren, sondern nur zum nächsten Kran. Der dritte ist, es wird alles registriert. Es sind Zuschauer da, du wirst von allen bemerkt, kriegst ein T-Shirt und eine Urkunde, eine Clubkarte, so kriegst du sofort deine Bestätigung."

Die meisten Leute sind mit Bungee als Herausforderung bestens bedient. Auch hier schätzen sie gerade den Todeskitzel, dem aber keinerlei wirkliche Gefahr korrespondiert – genau wie bei Bizarr-Partys oder Telefonsex. Görke vermutet, daß etwa 10 bis 15 Prozent derjenigen, die Bungee springen, bald zu anderen Extremsportarten wechseln. Einige werden geradezu unersättlich, was neue Kicks angeht. „Es gibt einen bestimmten

Satz von Leuten, irgendwo zwischen 10 000 und 50 000, die sind absolut drauf, die würden alles machen. Wenn wir jetzt eine Reise anbieten würden, zu einer Brücke in Afrika, die 220 Meter hoch ist, wo der Jochen Schweizer diesen Postbank-Werbespot gedreht hat, und sagen würden: Wir gehen illegal auf die Brücke und springen da runter. Zehn Leute, die Reise kostet 20 000 Mark, das wäre ausgebucht. Du würdest sofort die Leute dafür kriegen."

Der Reiz des Illegalen kommt bei vielen Extrem-Kicks hinzu. Wem es nicht reicht, TÜV-kontrollierte Sprünge von Kränen zu machen, hängt sich an fahrende Busse, S-Bahnen oder Aufzüge oder setzt sonstwie sein Leben aufs Spiel. In Dortmund sind die „Ostwall-Raser" berüchtigt – eine Gruppe von Autofahrern, die auf dem Außenring der Innenstadt regelrechte Rennen fahren. Immer wieder versucht die Polizei, sie in andere Reservate abzudrängen... vergeblich.

Lexikon legaler und illegaler Kicks

Auto-Surfen

Ähnlich wie beim S-Bahn-Surfen hängt man sich dabei aus fahrenden Autos und versucht im Extremfall, den Boden während der Fahrt zu berühren.

Bungee-Springen

Der Klassiker. Man springt aus der Gondel eines Krans, der häufig auf Kirmesplätzen oder an ähnlichen Orten aufgestellt wird, an einem Gummiseil befestigt in die Tiefe. Möglich auch in den Varianten Brücken-Bungee, Hochhaus-Bungee, Rucksack-Bungee (zwei zusammen) etc. Beim ‚Hot-Rocket'-Bungee läuft es umgekehrt: Man wird an einem Seil in die Luft hochgerissen. Beschleunigung: von Null auf Hundert in einer Sekunde.

City Climbing

In den 80er Jahren in den USA erfunden. Man erklettert hohe Gebäude statt – wie beim Freeclimbing – Berge. Wird oft wild und illegal in Fußgängerzonen praktiziert. 1991 erkletterte Stefan Glowacz bei der ‚Race Against Time‘-Aktion der Uhrenfirma Swatch in weniger als sieben Stunden sieben Hochhäuser in der Frankfurter Innenstadt.

Downhill-Biking

In den 80er Jahren als Variante des Mountain-Biking entstanden. Man rast mit einem Mountain-Bike steile Abhänge hinunter und erreicht dabei nicht selten Geschwindigkeiten von 100 km/h und mehr.

Elevator-Jumping

Auf den Aufzugkabinen in Hochhäusern wird auf und ab gefahren. Mutige steigen auch zwischen zwei Aufzügen um. Andere hängen sich für eine oder zwei Fahrten von unten an den Aufzug. Wird meist von sehr jungen Kids um die zwölf Jahre praktiziert. Aufsehen erregte ein Film aus den USA, in dem ein Junge interviewt wurde, der es nicht rechtzeitig auf einen parallel heranfahrenden Aufzug schaffte und dabei einen Arm verlor.

Gotcha

Auch eine in Deutschland bereits klassische Sportart, die schon in vielen Vereinen ausgeübt wird. Mit Pistolen, die Farbkugeln von einem Zentimeter Durchmesser verschießen, bekämpft man sich in unübersichtlichen Waldstücken oder auf Industriegeländen. Wer getroffen wird und mit Farbe bekleckert ist, „stirbt“ und scheidet aus.

Mapping

Wird vor allem im Rahmen der Rave-Bewegung (siehe Kapitel IV.1.) praktiziert: Hochhäuser, die leerstehen oder sich noch im Bau befinden, werden nachts besetzt, um Partys zu feiern. Mapping findet auch in den Innenräumen von großen Brückenpfeilern statt.

Moto-Skiing

Man hängt sich mit Roller-Skates, Skateboards oder Skiern an fahrende Autos oder Motorräder, die mit etwa 50 km/h durch den Wald oder – in Extremfällen – über Straßen oder gar Autobahnen fahren.

S-Bahn-Surfen

In Großstädten praktizierte Thrilling-Form, bei der man sich aus dem Fenster fahrender S-Bahnen hängt, das Dach besteigt und auch von einem Waggon auf den anderen springt. Boomte Anfang der 90er Jahre, allein in Berlin zählte man täglich bis zu 50 Surfer, für ganz Deutschland wurden etwa 400 bis 500 geschätzt. Mehrere Surfer fanden den Tod, Hunderte wurden schwer verletzt. Die Strafen: Aus dem Fenster hängen 65 bis 70 DM, Graffiti an der S-Bahn anbringen 100 DM, aufs S-Bahn-Dach steigen 360 DM. Gilt heute in der Szene weitgehend als out.[11]

Snow-Rafting

Mehrere Personen sitzen in einem Schlauchboot, das steuerlos steile Ski-Pisten hinunterrast, bis es „kentert", dabei kommt es oft zu schweren Verletzungen oder gar Todesfällen. Teilweise ist es möglich, das Gefährt über einen Bremsfallschirm zu stoppen. Seit Ende der 80er Jahre von Abenteuerreise-Veranstaltern in den Alpen angeboten.[12]

Trash-Skiing

Alte Snowboards oder Skier werden endgültig zerstört, indem man Kohlenhalden oder die steilen Ufer von Baggerseen hinunterjagt. Extremes Gefälle ist dabei nötig, um die mangelnde Gleitfähigkeit des Untergrundes auszugleichen. Sehr hohe Verletzungsgefahr. Gibt es auch als legale Variante. Beim Downhill-Shredding benutzt man ein Skateboard mit spezialgehärteten Rollen.

Andy, 24, Jurastudent an der Uni Münster, fuhr schon zu Beginn seines Studiums aus der heimischen Soester Boerde manchmal mit dem Fahrrad zur Uni. Rund 65 Kilometer. Seinen Rucksack hatte er sich voll Steine gepackt, damit sein Körper auch richtig ausgelastet wurde. „Am Anfang haben die Leute im Studiengang gelacht, auch, als ich dann angefangen habe, an der Uni zu boxen", erzählt Andy, „aber heute hat sich das geändert. Immer öfter schauen beim Training blasse, bebrillte Intellektuelle herein, um zu gucken, was so abläuft. Da wird sich noch einiges tun." Warum er seinen Körper stählt? „Ich will kein Schreibtischtäter werden, kein Jura-Sesselfurzer. Du mußt von vornherein eine Balance zwischen Körpergefühl und entkörperlichter Arbeit finden. Sonst gehst du kaputt."

Neben den Extremsportarten boomen in Deutschland auch die Kampfsportarten. Besonders deren asiatische Varianten, aber auch das Boxen erfreuen sich wachsender Beliebtheit, der Kampf Mann gegen Mann (oder Frau gegen Frau) feiert neue Hochkonjunktur. Nun ja, werden einige sagen, das ist doch eigentlich nicht wirklich neu. Man denke nur an die Gangs, die sich schon immer gerne prügelten und die Herausforderung auf der Straße suchten – richtig, nur: Diese „action-Szenen", wie sie der Jugendsoziologe Dieter Baacke nennt, entstammten früher eindeutig den unteren sozialen Schichten.[13] Teddy-Boys, Halbstarke, Mods, Rocker, heute Skinheads und türkische Streetgangs – sie alle kämpften unter anderem auf den Straßen, um männliche Ideale ihrer Schicht oder Nationalität, die gesellschaftlich nicht mehr gewünscht sind, zu bewahren.

Anders die jungen Studenten, die heute in die Kickbox-Studios rennen. Sie haben in der modernen Welt der Computer, der klimatisierten Autos und Dienstleistungsjobs das Gefühl für ihre Körperlichkeit *überhaupt* verloren. Und so wie man auf einen tauben Arm fester schlagen muß, um ihn zu fühlen, brauchen sie starke körperliche Reize, um sich wieder selbst zu spüren – ein Trend, der sich zuerst bei Managern bemerkbar machte. Aus diesem Grunde stoßen heute auch junge Intellektuelle dazu, wenn Gotcha gespielt wird oder Jiu-Jitsu auf dem Programm steht.

Eine Jugendkultur, die nicht nur Kampfsport, sondern echte Gewalt ohne allzu viel Rücksicht auf Verluste betreibt und dabei Mitglieder aller sozialen Schichten aufweist, ist der Hooliganism. Selbst Studenten sind mittlerweile dabei, wenn nach den Fußballspielen die „Dritte Halbzeit" beginnt, also die Schlägereien zwischen den Anhängern der verschiedenen Vereine. Unterstützt durch eine sensationslüsterne Presse hat sich hier in den letzten Jahren ein drastischer Wandel vollzogen: Kamen die Hooligans früher ursprünglich aus den Reihen der echten Fußballfans, sind viele heute nur noch wegen der anschließenden Gewalttätigkeiten dabei und interessieren sich nicht mehr im engeren Sinne für die Spiele. Klaus Farin und Eberhard Seidel-Pielen, die lange in der Szene recherchiert haben, schreiben: „Immer weniger Wochenendrüpel kommen wirklich aus der Kurve. Hooligan zu sein ist eine Modeerscheinung geworden. Vor allem unter Großstadtkids, die in den urbanen Wüsten immer weniger Möglichkeiten vorfinden, sich auszutoben, kurzzeitig auszubrechen aus dem weitgehend genormten Alltagstrott."[14]

Jugendkultur zwischen Thrilling und Sicherheitsbedürfnis

Man muß es noch einmal betonen: Die meisten Extrem- und Kampfsportarten und das Hooligantum erreichen nur kleine Teile der jungen Szenen. Thrilling bedeutet für die Mehrheit punktuelle Aufregung innerhalb eines insgesamt sicheren Rahmens – also Boxen mit Helm und Mundschutz, Telefonsex, bei dem man jederzeit auflegen kann, oder Abenteuerreisen mit festgebuchtem Rückflugtermin.

Die Studie ‚future youth' der Werbeagentur BBDO ergab eine ausgeprägte Suche der Jugend nach Sicherheit in vielen Lebensbereichen: „Die Umwelt wird als bedrohlich und die Zukunft als ungewiß erlebt. Arbeitslosigkeit, Drogen, Umweltverschmutzung, Krieg, Zerrüttung der Familien sind allgegenwärtig. Dementsprechend hoch im Kurs stehen ein sicherer

Arbeitsplatz, eine intakte Familie und ein geschütztes Zuhause."[15] Ganz symptomatisch schreibt auch Matthias Horx: „Die Risiken, die abrupte biographische Veränderungen hervorrufen, können wir uns nicht mehr leisten. Scheidung? Trennung? Tun zu weh. Wir sehen ja bei den Älteren, wohin das führt. Fortgehen von zu Hause? Anfangen in einer neuen Stadt? Besser nicht."[16]

Andererseits haben Jugendliche trotz dieses Sicherheitsbedürfnisses ständig panische Angst vor der Langeweile. Und weil das wirkliche Leben wenig Aufregung verspricht, muß die Jugendkultur für Ausgleich sorgen. Bei sehr vielen jugendkulturellen Produkten ist daher in den letzten Jahren eine Radikalisierung der Inhalte wie der Formen aufgetreten.

Es entstanden z. B. immer härtere, schnellere Musikstile. Besonders auffällig war die Entwicklung in der Heavy-Metal-Musik. Seit Mitte der 80er Jahre traten Stile wie → Death Metal und Grindcore auf den Plan. Die irrsinnig schnelle Musik, deren Gesang meist nur noch aus undifferenziertem Brüllen bestand, wurde mit Covern verkauft, die sich in jeder Horror-Videothek gut gemacht hätten: Zerfetzte Kinderleichen und Reagenzgläser mit Organen prangten auf den CDs. Immer stärkere Schockeffekte wurden eingesetzt, um die Absätze zu steigern. Diese Entwicklung hat jedoch mittlerweile ihren Höhepunkt überschritten.

Horror- und → Splatterfilme werden immer härter. In bestimmten jugendlichen Szenen gehört es zum guten Ton, daß gerade diejenigen Filme, die offiziell als jugendgefährdend eingestuft werden, gesucht werden. Die Abstumpfung durch Gewalt – vor langer Zeit im Fernsehen eingeleitet – schreitet mit dem Konsum von Horror-Videos fort. Die Folge: Filme, über die geredet werden soll, müssen immer härter werden.

Death Metal

Ultraharte Heavy-Metal-Spielweise mit brutalen Texten und ebensolchen Plattencovern. Der Gesang ist stilistisch oft an das Bellen großer Hunde angelehnt. Wird in der ganz extremen Spielweise nicht mehr so oft gehört. Pioniere waren Napalm Death.

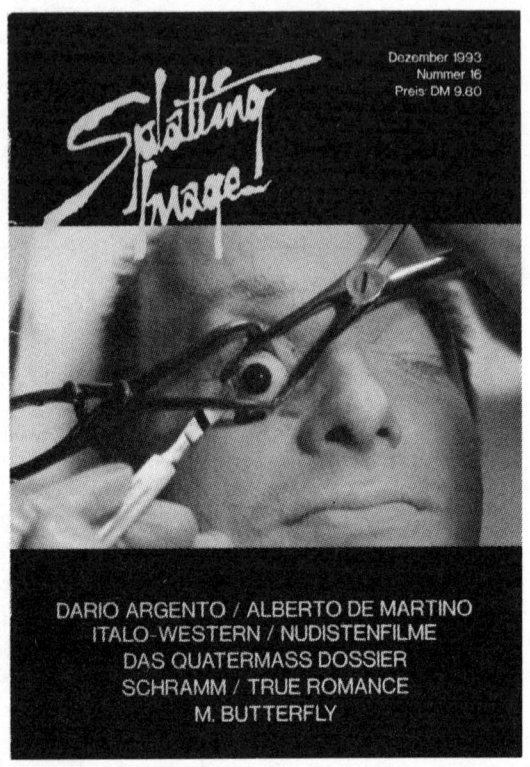

Schock als Freizeit-Vergnügen: Splatter-Fanzine.

Splatter

(Engl.; etwa: platschen, verspritzen). Splatter-Filme sind besonders blutige Horrorstreifen, die extrem billig produziert, aber dafür um so drastischer in der Wahl ihrer Mittel sind. Folge ist oft die Indizierung. Um den Splatter-Kult haben sich kleine, aber hartnäckige Zirkel gebildet. Das Fanzine ‚Splatting Images‘ berichtet regelmäßig über die neuesten Entwicklungen.

Jugendkulturelle Formen, die aus der Thrilling-Strategie geboren werden, sind am häufigsten der öffentlichen Kritik ausgesetzt – zum einen natürlich, weil dabei Leib und Leben der Betroffenen gefährdet werden, zum anderen aber auch, weil Thrilling provozieren will, weil es ganz gezielt versucht, die Grenzen des gesellschaftlich Tolerierten zu überschreiten. Wenn sich keiner aufregen würde, wäre Thrilling gar nicht „thrilling", weil es nämlich keinen Kick gäbe. Wenn nicht immer die Presse geradezu pflichtbewußt anwesend wäre, wenn Künstler zum Beispiel eine Nackt-Performance auf der Düsseldorfer Königsallee veranstalten, wäre Thrilling nichts anderes als Mummenschanz. Das darf niemals vergessen werden, vor allem, wenn man an die erschreckendste Form von Thrilling in Deutschland denkt, an den jugendlichen Rechtsradikalismus.

Die jungen Nazis ausschließlich über die Thrilling-Strategie zu erklären, wäre eine unzulässige Vereinfachung. Sicher ist aber: Thrilling ist mindestens eines der Motive, warum junge Leute Hakenkreuze tragen, in der Straßenbahn den Hitlergruß entbieten und jüdische Grabmale schänden. Es sind ja sonst nicht mehr viele Symbole geblieben, mit denen man noch Tabu-Grenzen angreifen könnte.

Das Hakenkreuz ist nichts Neues in der Geschichte der Jugendkulturen. Schon Mitte bis Ende der 70er Jahre, als es darum ging, die abgeschlafften Alt-Freaks zu provozieren, ließ sich David Bowie in einer SS-Uniform durch die Stadt chauffieren. Sid Vicious, Bassist der legendären Punkband Sex Pistols, trug ebenfalls ein Hakenkreuz und sang ‚Belsen Was A Gas' (‚Belsen war das reinste Vergnügen!'). Die Ramones tanzten den ‚Blitzkrieg Bop', und die Chosen Few seufzten ‚Adolph, You Beauty'. Nazi-Chic war bis in die 80er Jahre als zynische Attitüde im Punk und in artverwandten Szenen durchaus lokalfähig. Trotzdem liegen zwischen der Punk-Provokation und dem heutigen Rechtsradikalismus Welten. Die Punk-Hakenkreuze waren fest eingebunden in die Schock- & Zynismus-Attitüde des Punk. Fast jeder wußte damals, daß man provozieren wollte und eigentlich alles andere als politisch rechts eingestellt war. Man war sich einig, daß Nazi-Chic eine der aktuellen, aber vorübergehenden Strategien im Spiel mit den Symbolen war.

Diese Einigkeit besteht heute nicht mehr. Der Weg von der reinen Provokation zur Gewalt ist kürzer geworden.[17] Aus Thrilling ist Ernst geworden.

3. Verweigerung und Rückzug – Generation X

Neben dem bereitwilligen Aufgehen in Parallelwelten und dem nimmersatten Spiel mit den Grenzen macht noch eine dritte Spielart von Jugendkultur in der ersten Hälfte der 90er Jahre von sich reden: die der Verweigerung. Sie ist aus dem Ekel an der Übersättigung entstanden, karikiert sie zynisch und sucht nach neuen Werten jenseits der Konsumgesellschaft.

Der Mythos der Generation X

Wenn es um Jugend und Jugendkultur geht, wird immer nach Epoche-Begriffen gesucht, die eine ganze Generation beschreiben. So hatten wir schon „die Halbstarken", die „68er", die „No Future Generation" und die „Yuppies". Anfang der 90er tat man sich zunächst schwer, etwas Ähnliches zu konstruieren. Doch dann erschien das Buch eines jungen Kanadiers, in dem das Lebensgefühl zu Anfang der 90er eingefangen war und der richtige Sammelbegriff gleich mitgeliefert wurde: ‚Generation X – Geschichten für eine immer schneller werdende Kultur'.

Douglas Coupland war eigentlich beauftragt worden, eine Studie über die aktuelle Jugend zu schreiben. Er entschied sich dann aber für die Romanform. ‚Generation X' handelt von drei jungen Leuten, die den Glauben an Glück und Wohlstand verloren und sich an den Rand der Wüste zurückgezogen haben, um einander Geschichten zu erzählen – Geschichten, die eindringlich die Gefühlslage ihrer Generation wiedergeben. Für die Betroffenen, die zwischen 25 und 29 Jahre alt sind, ist kennzeichnend:

- sie wissen, daß sie es niemals mehr zu einem Wohlstand wie dem ihrer Eltern bringen werden;
- die Verheißung von Konsum und Kulturangeboten hat sich für sie erschöpft;
- sie wissen, daß alle spannenden Erfahrungen schon einmal gemacht worden sind;
- sie mißtrauen allen etablierten Werten und Institutionen.

‚Generation X‘ erschien 1992 in deutscher Sprache und avancierte zum Kultbuch für alle Trendjournalisten, Populärsoziologen und Kulturphilosophen. Nicht nur die Story selbst, sondern auch die griffigen Wortneuschöpfungen für aktuelle Symptome (*poor buoyancy* = die Erkenntnis, ein besserer Mensch gewesen zu sein, als man weniger Geld besaß) sorgten dafür, daß Coupland oft und gern zitiert wurde und sich ‚Generation X‘ als Etikett durchsetzte. Endlich hatte man den heißgesuchten Epochenbegriff. Schon bald wurde die Konzeption aber auch von Kritikern angegriffen, die die Desillusionierung der jungen Erwachsenen für überzeichnet hielten. Man sah zudem eine neue Generation der 13- bis 19jährigen heranreifen, die wieder aktiver und kämpferischer schien als die schlaffen Twens. Daß diese neuen Kids vom ‚New York Magazine‘ allerdings sofort als „Generation Y“ bezeichnet wurden, unterstreicht jedoch nur die Popularität des Konzepts von Coupland.

Wenn es um die jugendkulturellen Strategien der Verweigerung geht, ist natürlich mit „Generation X“ noch nicht viel gesagt. Der Begriff ist reichlich verallgemeinernd, zu sehr auf die USA bezogen und mittlerweile auch verwässert. Trotzdem sollte man Coupland als gemeinsamen Bezugspunkt, als Paten jener kulturellen Strategien sehen, die wir im folgenden vorstellen.

Wenn man 1985 in die Wohnung eines jener vielen Bekannten kam, die sich immer gut mit den aktuellen Trends auskennen, erwartete einen fast ausnahmslos das gleiche Bild: Es dominierten schwarze, antiseptisch-kalte Möbelstücke, Funktionalität, Sachlichkeit. Der Boden war mit schwarz-weiß kariertem PVC ausgelegt. Die Wände bedeckten weiße Rauhfasertapeten, darüber hingen Schwarzweißfotos von Man Ray oder, in der gewöhnlicheren Variante, von Humphrey Bogart. Bizarre Designer-Stühle aus Chrom suggerierten kreative Eigenständigkeit des Bewohners. Ganz Kühne stellten auch typische 80er-Jahre-Elemente auf, etwa unbekleidete Schaufensterpuppen mit Polizeimützen. Viel mehr stand eigentlich nicht in diesen Wohnungen – na ja, die kegelförmigen, chromblitzenden Kaffeekannen sollte man fairerweise auch noch erwähnen.

Heute dagegen sind Jugendzimmer wieder kuschelige Müllkippen. Hier vielleicht noch die guten alten Rohstahl-Stühle, daneben aber schon wieder das billige Ikea-Kiefernholz-Bett, an der Wand lilafarbene Hippie-Tücher mit bunten Blumenmustern. Neben dem Computer brennen Räucherstäbchen. Und hinten, da wo's zum Klo geht, hängen kitschige Heiligenbilder. Ständig sieht es so aus, als würde hier gerade irgend etwas Kreatives gearbeitet, alles wirkt unfertig. So müssen Ende der 60er Jahre die Kommunen ausgesehen haben. Allerdings – das ganze Ambiente wirkt heute bewußter, gewollter und kalkulierter als der unbekümmerte Anti-Konsum der Blumenkinder. Irgendwie auch desillusioniert und abgeklärt.

Warum ist das so gekommen? Die 80er waren für die jugendlichen Trendsetter ein Spiel mit dem schönen Schein. Cooler Luxus dominierte. Man hörte gelackten Pop von Spandau Ballet, Matt Bianco oder Sade, genehmigte sich regelmäßig seinen Champagner und sorgte dafür, daß der Nacken immer frisch und sauber anrasiert war. Diese Künstlichkeit entpuppte sich mit der Zeit als hohl, langweilig und allzu konsumorientiert. Mit der Rezession setzte das Gefühl ein, daß man es vielleicht übertrieben hatte, daß man nun wieder etwas kürzer treten müsse. Man suchte wieder nach echten, authentischen Dingen, nach dem echten Leben. Das nennen wir den „Real Life"-Trend; er durchdringt heute fast alle Facetten jugendkulturellen Lebens.

‚Real World', eine MTV-Serie, setzte den Real Life-Trend als erste konsequent im Fernsehen um. Ein Wochenende lang werden Jugendliche in einer Wohnung zusammengebracht und gefilmt. Es passiert eigentlich nichts Außergewöhnliches. Die Jugendlichen unterhalten sich, feiern Partys, haben Streit und sind einfach da. Das Ganze wird am Wochenende über viele Stunden hin, also beinahe in Echtzeit ausgestrahlt. Ein Sendekonzept verwirklicht die totale Normalität, die Zuschauer setzen sich mit den Einstellungen und dem Verhalten real existierender Personen auseinander. Die Sendung hat Erfolg und wird jetzt auch in ähnlicher Form von Premiere (Arbeitstitel ‚Das wahre Leben') aufgegriffen. Real Life-Tendenzen werden im jungen Fernsehen natürlich auch in der Präsentationsform aufgenommen: Immer lockerer, ungezwungener und ungeplanter geht es bei der Moderation von Sendungen auf MTV oder Viva zu – man flegelt sich ins Studio, als sei man zu Hause.

Diesseits des Bildschirms gibt Workwear der Mode deutliche Impulse (siehe Kapitel II.3.). Der Kult der Arbeit vermittelt eine Rückbesinnung aufs Wesentliche und Ungestylte. Techno-Raves (siehe Kapitel IV.1.) werden bevorzugt nicht etwa in fantasiereich gestalteten Hallen, sondern in ehemaligen Fabrikgebäuden durchgeführt. Und Helge Schneider, der ultimative Anti-Held der frühen 90er Jahre, verkörpert ebenfalls Real Life-Tugenden. Sein Provinzialismus, sein Sprachfehler und seine verschrobene Häßlichkeit übersteigen das Alltägliche derart, daß es schon wieder komisch ist. Seine Filme (‚Johnny Flash', ‚Texas') sind genauso aufgebaut wie seine Live-Shows: Die Fiktion, die Show wird immer wieder durchbrochen vom „echten" Leben. An keiner Stelle kann man bei ‚Texas' vergessen, daß hier Schauspieler am Werk sind, die in Kulissen spielen – ein erfolgreiches und ironisches Konzept in Zeiten, in denen perfektionierte Filme alle Bilder gezeigt haben, die nur irgend möglich sind.

Kate Moss, das dürre Model aus London, begründet parallel zu diesen Entwicklungen einen neuen Model-Trend: Einstmals eherne Standards sind nicht mehr heilig. Auch die junge Trendmode aus Paris und London folgt zum Teil dieser Strategie: Bleiche Models tragen extrem unprätentiöse Allerweltskleidung, z.B. von Martin Margiela. Dekonstruktivismus nennt man diese Strategie: Angejahrte Normen von Schönheit und Glamour werden bewußt unterlaufen und dadurch „dekonstruiert".

Ebenfalls mit dem Real Life-Trend verwandt ist die allgemeine Suche nach Authentizität im Konsumverhalten. Ob Möbel, Uhren, Autos oder Einrichtungsaccessoires – in jungen Szenen werden vor allem solche Dinge als wertvoll angesehen, die möglichst authentisch sind, also entweder alt oder in Handarbeit gefertigt. Eine kleine Kommode vom Sperrmüll oder von einem Trödler in Amsterdam wird stets höher geschätzt als eine und sei es auch noch so originelle aus dem Einrichtungshaus. Eng verbunden ist damit der Boom der Flohmärkte und Second-Hand-Läden. Gerade im Modebereich wird Wühlen in alten, gebrauchten Klamotten immer verheißungsvoller. Nicht ohne Grund gibt es bereits einen schwunghaften Handel mit gebrauchten Jeans.

Allgemeine Trendmüdigkeit macht sich breit. Statt immer neuen Symbolen hinterherzurennen, ziehen die Mitglieder junger Szenen es zunehmend vor, Ruhe und Bodenständigkeit zu suchen. Besonders junge Großstädter, abgekoppelt von lokalen oder familiären Traditionen und den Wirren der Trends besonders ausgesetzt, besinnen sich. So ist zum Beispiel die rustikale, regionale Küche weitaus mehr gefragt als exotische Haute-Cuisine-Spielereien. Auch im Nachtleben wird der Trend teilweise deutlich. Viele Szene-Nightlifer kann man regelmäßig in bodenständigen Kneipen mit 50jährigen Zechern diskutieren sehen. Im Ruhrgebiet ist es zum Beispiel angesagt, nach einer Disco-Nacht auf dem Großmarkt mit Lagerarbeitern zu frühstücken und die rauhe Atmosphäre eines früh beginnenden Arbeitstages zu spüren – den man persönlich natürlich längst nicht mehr kennt. Im Rheinland nehmen traditionelle Brauhäuser den Szenekneipen kontinuierlich Publikum weg, und in Köln waren im Sommer 1994 sogar Partys in Schrebergärten angesagt.

Symptomatisch ist auch die Renaissance des Federballspiels: Rund zwei Millionen Deutsche spielten Anfang 1994 Badminton, etwa genauso viele Squash. Nur: Squash stagniert, Badminton dagegen boomt.[18] Ein nostalgischer, bodenständiger Sport überrundet einen hochartifiziellen ehemaligen Trendsetter.

Auch einige erfolgreiche Filme der letzten Jahre verlegten sich auf Real Life. Immer näher an der vermeintlich wirklichen Jugend sind sie dran, diese Helden – zum Beispiel in ‚Gilbert Grape – Irgendwo in Iowa‘ mit der Generation-X-Kultfigur Johnny Depp. Depp spielt Gilbert, der als Mädchen für alles in einem Krämerladen in dem kleinen Nest Endora arbeitet. Dort passiert nicht allzu viel. Kleine, sorgfältig gezeichnete Details charakterisieren das völlig normale Leben liebenswürdiger und etwas sonderbarer Leute. Etwa die Ängste und Schrullen der 250 Kilo schweren Mutter und die Eskapaden seines geistig behinderten 18jährigen Bruders Arnie. Endora wird weder als monoton gegeißelt noch idealisiert, der Film stellt alles mit sehr viel Respekt dar – und macht doch auch klar, daß dieser Welt etwas fehlt: eine kleine Utopie nämlich.

‚Reality Bites – voll das Leben‘ hat noch stärker die Generation X wie in einem Brennglas konzentriert. Nach dem Schulabschluß ziehen einige junge Leute gemeinsam in eine WG und sehen sich unerwarteterweise mit den harten Anforderungen des alltäglichen Überlebenskampfes konfrontiert. ‚Reality Bites‘ ist um einiges realitätsnäher als der vorschnell zum Generationsfilm hochgejubelte Streifen ‚Singles‘, der sich auf Grunge-Symbole und die Ausstrahlung von Seattle verließ (siehe Kapitel III.1.).

Eine Übersteigerung der Real Life-Strategie ist der „Purismus“. Dabei wird nicht nur das Alltägliche, Normale und Bodenständige gefeiert, sondern zusätzlich ein unschuldiger, unverdorbener Zustand zurückgefordert. Der Trend zu beigen, braunen und vor allem groben Leinenstoffen in der Jugendmode ist ein Beispiel dafür. Diese Strategie war als Gegenentwurf in der Jugendkultur allerdings schon immer wirksam. Hierher gehören auch Landkommunen, puristische Eßgewohnheiten oder das Revival der Folkmusik, das um 1989 von Suzanne Vega oder Michelle Shocked und etwa 1992 auch in den progressiven, jungen Pop-Szenen durch Bands wie die Fellow Travellers getragen wurde.

Sogar die vergleichsweise große Sympathie für den Buddhismus ist auf diesen Purismus zurückzuführen.[19] Der Buddhismus predigt Bescheidenheit, Rückbesinnung, Freiheit von Reizüberflutung. Signalwirkung hatte unter anderem die Tatsache, daß der besonders von Jugendlichen verehrte Hollywood-Star Keanu Reeves, der den Buddha in Bertoluccis ‚Little Buddha‘ spielte, sich schließlich auch selbst zum Buddhismus bekannte.

Pippi Langstrumpf lebt – Rückkehr in die Kindheit

Die Teddybärenwelt kommt wieder. Folgt man dem Trendforscher Matthias Horx, dann gibt es in Deutschland eine weitere, starke Verweigerungskultur: den Rückzug in die Kindheit.[20] Der zeigt sich im Boom der Kuscheltiere, der Kosenamen und der runderen Formen bei Autos oder Stereoanlagen: „Die Welt der Regression ist zudem eine Gegenwelt gegen die ernste, von neuen und zurückgekehrten Härten geprägte Welt des Europas der Mittneunziger. Elend und Krieg, Rezession und soziale Desintegration."[21]

Auch aus der Jugendkultur empfangen wir derartige Signale – wenn sie auch weitaus nicht so stark sind wie die Real Life-Symptome. Bei Mädchen haben zum Beispiel die guten alten Pippi-Langstrumpf-Zöpfe wieder Hochkonjunktur. Marusha, die deutsche Techno-Königin, trägt bzw. trug sie genauso wie Heike Makatsch, ihres Zeichens Moderatorin Nummer eins bei Viva. In Discos sieht man neben den Zöpfen bisweilen auch Tornister anstelle der ansonsten so beliebten Rucksäcke. Selbst Schnuller, um den Hals getragen, erlebten ihre kleine Blütezeit in den Clubs. Die Jungs ließen sich nicht zu Pippi-Langstrumpf-Zöpfen hinreißen, taten aber mit Bommelmützen das Ihre, um nicht allzu erwachsen auszusehen.

Auf derselben Ebene bewegt sich der Erfolg des Hip-Getränks ‚Yello Shot‘. Die Mischung aus Wodka und Götterspeise kam in den Diskotheken wohl auch deshalb so gut an, weil sie unweigerlich Erinnerungen an den „Wackelpeter" aus der Kindheit wachrief.

Das Spiel mit dem Ekel – Zynismus als letzter Ausweg

Es gibt in Amsterdam einen Club für Jugendliche, der haarklein eingerichtet und ausgestattet ist, als habe dort gerade ein schweres Erdbeben gewütet. Die Grundfläche liegt schief, das Mobiliar ist zur Hälfte zusammengebrochen und schwer beschädigt. Die Amsterdamer Szenegänger, mit wirklichen Erdbeben unvertraut, fahren darauf ab – und das will heute wirklich etwas heißen, wo es gar nicht mehr so einfach ist, einen Club zu machen, der so interessant aussieht, daß in der ganzen Stadt darüber gesprochen wird.

Der Amsterdamer Erdbeben-Club ist nur ein bescheidenes Beispiel für eine weitere Spielart der Verweigerungskultur: den Zynismus. Bar aller Illusionen und Hoffnungen, tut sich darin eine Jugend kund, die mit dem Elend spielt und die mit wohligem Schauer mit dem Abstoßenden und Verrufenen kokettiert, ohne das freilich wirklich ernst zu meinen. Teilweise ähnelt diese Strategie dem Thrilling, hat aber andere Hintergründe. Einige Beispiele machen das deutlich.

‚Beavis & Butthead‘, die beiden garstigen Comic-Figuren auf MTV, kultivieren die Lust an allem Primitiven und Niederträchtigen. Die beiden häßlichen Sonderschüler haben nur Zerstörung, Heavy Metal und Sexphantasien im Sinn. Natürlich kriegen sie nie wirklich die Mädchen, weil niemand sich mit Leuten einlassen will, deren Wortschatz aus etwa fünfzig Vokalen besteht und die die Welt einzig in die Kategorien „cool" oder „it sucks" („bringt's nicht") einteilen. Ihre Unterhaltungen bestehen ohnehin meist nur aus unartikuliertem Gegrunze. Hin und wieder stecken sie ihren Nachbarn das Haus an, leiten den Verkehr absichtlich falsch oder kappen einen Telegrafenmast. Diese Serie wurde langsam, aber sicher zum absoluten Insidertip in den jungen Szenen. Eine zugehörige CD erschien, auf der Beavis und Butthead zusammen mit der US-Chanteuse Cher ein paar Liedchen trällern. Sogar ein ,Beavis & Butthead'-Comic kam auf den Markt. Eltern und Pädagogen verstanden die Welt nicht mehr – die Kids aber amüsierten sich über die reduzierte Weltsicht der bösen Buben.

Ähnlich funktioniert ,Eine schrecklich nette Familie', jene Sendung, die RTL an jedem Wochentag noch um 0.30 Uhr massenweise junge Fernseher und damit auch fette Werbeeinnahmen bringt. Die Bundys verkörpern den Idealtypus einer zynischen amerikanischen Vorstadtfamilie: Vater Al ist ein impotenter Damenschuh-Verkäufer, der weiß, daß er vom Leben nichts mehr zu erwarten hat. Seine Frau Peggy weiß das ebenfalls, ist aber selbst allenfalls dazu in der Lage, das mühsam verdiente Geld für Kleider auszugeben. Tochter Kelly, genannt „Dumpfbacke", kann zwar kaum lesen und schreiben, sieht aber mit 14 schon aus wie eine Sex-Bombe – die Jungs wissen's zu schätzen. Und der kleine Sohn Bud läßt sich dafür bezahlen, daß er Kellys Abenteuer für sich behält. Die ganze Familie weiß, daß sie ausschließlich aus Verlierern besteht und läßt es sich gegenseitig spüren. Es herrscht unverhohlener Egoismus, Sexismus, Materialismus und Zynismus – dermaßen übertrieben, daß es unweigerlich komisch ist. Al Bundy ist längst eine Kultfigur: Es gibt Al-Bundy-Partys und Al-Bundy-Fan-Bücher, und nicht wenige seiner Sprüche sind zu geflügelten Worten in der Jugendkultur geworden.

In die Popmusik übernommen wurde das aktuelle Prinzip des zynischen Verlierertums von Beck, dem schmächtigen Sänger aus Kalifornien. Sein ,Loser' wurde einer der Sommerhits des Jahres 1994: „I'm A Loser, Baby, Why Don't You Kill Me?", und die jungen Szenen sangen begeistert mit. Wenn es keine Ideale mehr zu besingen gibt, warum soll man sich nicht gleich umbringen lassen? Zynismus in Reinkultur. – Zynische Namensgebungen sind in der Pop-Musik spätestens seit den Dead Kennedys (1979) an der Tagesordnung. Doch in den 90ern erreichten sie einen neuen Höhepunkt mit der Punk-Band ,Schäuble Rolls To the Paralympics'.

Generation X auf Zelluloid: Reality Bites.

Dieser moderne Zynismus ist nicht mehr die Sache von einzelnen, sondern geht bereits in der Masse auf, wie Peter Sloterdijk ausgeführt hat: „Der moderne Zyniker ist ein integrierter Asozialer, der es an unterschwelliger Illusionslosigkeit mit jedem Hippie aufnimmt. Ihm selbst erscheint sein bös-klarer Blick nicht als persönlicher Defekt oder als privat zu verantwortende amoralische Marotte. Instinktiv versteht er seine Daseinsweise nicht mehr als etwas, das mit Bösesein zu tun hat, sondern als Teilhabe an einer kollektiven realistisch herabgestimmten Sehweise." [22] Kollektiv realistisch herabgestimmt – genauso sehen weite Teile der Jugendkultur die Welt: alles nicht zum Lachen, gerade deshalb aber lachen wir.

Die Verweigerungs- und Rückzugsstrategien in der Jugendkultur haben Züge einer Entschlackungskur, auch solche von Gesundschrumpfen. Sie sollen das immer schneller rotierende Karussell aus Reizüberflutung, Trends und Konsum anhalten. Man will Qualität statt Quantität. Jugendkultur wirkt in diesem Punkt wie ein Frühwarnsystem für die Gesamtgesellschaft: „Irgendwie geht es so nicht mehr weiter", will sie sagen. In Büchern wie ‚Generation X' ist die Misere der westlichen Gesellschaften messerscharf diagnostiziert. Das Problem ist nur: Die Jugendkultur hat kaum etwas dagegenzusetzen.

In ‚Reality Bites' entscheidet sich Winona Ryder am Ende gegen Ben Stiller, der einen typischen Yuppie spielt, und für Ethan Hawke, im Film ein langhaariger, ungepflegter Typ voller Verachtung für die ihn umgebende Gesellschaft. Die beiden lieben sich am Ende, wissen aber trotzdem keinen Deut besser, wo's denn nun langgehen soll. Das ist im Kern das Problem der gesamten Verweigerungskultur. Sie bleibt ein unbestimmtes, unentschlossenes Tasten nach etwas Anderem, Besserem, Echterem. Was das sein soll, weiß aber niemand so ganz genau. Diejenigen, die sich mit der Strategie der Verweigerung identifizieren, sind wahrscheinlich die bewußtesten und kritischsten Geister ihrer Generation – sie stehen aber gerade deshalb nackt da.

V. Ausblick auf die Zukunft der Jugendkultur

1. Das Ende der Träume – die Getto-Kultur

Die amerikanischen Vorbilder

„Attention: You're listening now to an Ice-T-LP. So if you're offended by words like shit, bitch, fuck, dick, ass, hoe, cum, dirty slut, motherfucker, nigger, (...) nigger fuck shit, what ever: Take the tape out now. This is not a pop album. And by the way: Suck my motherfucking dick!"

(„Achtung: Sie hören nun eine Ice-T-LP. Wenn Sie sich also beleidigt fühlen durch Worte wie Scheiße, Nutte, Ficken, Schwanz, Arsch, Hure, Sperma, dreckige Hure, Scheißkerl, Nigger,. (...) Nigger-Fick-Scheiße ... was auch immer: Nehmen Sie die Kassette sofort heraus. Dies ist kein Pop-Album. Und nebenbei. Lutschen Sie meinen verdammten Schwanz!")[1]

Mit solch herzlichen Worten leitete der Rapper Ice-T 1993 sein Album ‚Home Invasion' ein – einen Meilenstein des *Gangsta-Rap*. Die Platte wimmelt nur so von Worten wie eben „motherfucker", die sich wie literarische Leitmotive durch das Werk ziehen. Ice-T sei „der Goethe des Gangsta Rap",[2] jubelten seine Anhänger, für weniger Tolerante war die Platte nichts anderes als ein weiterer Schritt auf dem Weg zum definitiven Untergang des Abendlandes.

HipHop-Kultur

Unter HipHop-Kultur werden nicht nur die entsprechende Musik, sondern auch die beiden anderen klassischen Bestandteile: Breakdance und Graffiti verstanden. Alle drei Komponenten entstanden Anfang der 80er Jahre in den USA, gehören aber in Deutschland nicht zwingend zum Pflichtprogramm von HipHop-Szenen.

Gangsta-Rap ist die härteste Variante der → HipHop-Kultur. Gangsta-Rapper stellen in ihren Texten ungeschminkt das harte Leben in den US-Gettos dar. Es geht um Gewalt, Drogen und Sex – Themen also, die im ausgehenden 20. Jahrhundert eigentlich niemanden mehr vom Hocker hauen. Nur: Im *offiziell* abgesegneten Kulturbetrieb muß man dazu Stellung beziehen, um akzeptiert zu werden. Für den weißen Lehrer in Connecticut oder Buxtehude muß klar sein, daß die, die da rappen, ganz bestimmt auch gegen die Dinge sind, die sie darstellen. Die Moral von der Geschicht', die darf nicht fehlen. Mit dieser Maxime hatten bekanntlich schon die Naturalisten im 19. Jahrhundert zu kämpfen.

Aber die Gangsta-Rapper lassen es leider an der gewünschten Moral fehlen. Es ist für Außenstehende – und oft nicht nur für sie – nicht immer klar zu erkennen, wo der Rapper steht. Steht er auf der Seite der Streetgangs, stellt er sie nur unkritisch dar oder verurteilt er Gewalt? Die meisten Gangsta-Rapper schüren diese Unsicherheit, indem sie selber den Habitus der Street-Gangster annehmen: unflätige Sprache, Trainingsanzüge, Baseballkappen, frauenfeindliche Haltung. Nicht selten posieren sie auf Fotos mit schweren Waffen oder benutzen die esoterische Fingerzeichen-Sprache der Jugendgangs. Die Sache wird auch dadurch kompliziert, daß viele Rapper früher durchaus Mitglieder von Gangs waren und irgendwann vor die Entscheidung gestellt wurden: Mache ich mein Geld nun weiterhin mit Drogen, oder werde ich HipHopper?

Wenn auch Ice-T wahrscheinlich der wichtigste Gangsta-Rapper ist, so war es doch nicht er, der die wirklich hitzige Diskussion um die Gefahren des Gangsta-HipHop 1993 entfacht hat – sondern Snoop Doggy Dogg. Snoop war 22, als er am 12. Oktober 1993 wegen Beihilfe zum Mord in Los Angeles angeklagt wurde. Er soll den Wagen gefahren haben, aus dem sein Leibwächter einem Mann auf offener Straße zweimal in den Rücken schoß. Die Verteidigung plädierte auf Notwehr. Snoop, ehemals Gang-Mitglied und wegen Drogenbesitzes vorbestraft, wurde damit nicht nur der Anlaß für eine heftige Diskussion um den kriminellen Hintergrund der Gangsta-Rapper – neben

Langbeinig wie eine Dogge und mindestens so gefähr-
lich: Gangsta-Rapper Snoop Doggy Dogg.

Snoop wurden auch Flavor Flav von Public Enemy sowie
Tupac Shakur wegen Totschlags angeklagt. Schlimmer war: Die
Publicity vervierfachte die Vorbestellungen für Snoops Debüt-
album ‚Doggy Style‘, das Ende 1993 als erstes Album der Pop-
geschichte direkt auf Platz eins der amerikanischen Hitparaden
kam und bis Ende 1994 weltweit etwa 4,5 Millionen Exemplare
verkauft hat. Das Brutalo-Image kam und kommt an. Zwar
versuchen die amerikanischen Behörden mit massiven Zensur-
maßnahmen einzuschreiten, doch wenn erst der Sticker „jugendgefährdend" auf einer CD pappt oder sie sogar verboten
ist, rückt sie erst recht zum Kultobjekt auf.

Nicht nur der Gangsta-Rap, die gesamte HipHop-Musik (vgl. dazu Kapitel II.2.) behandelt, kritisch oder auch nicht, eine bestimmte Art von Gewalt und Aggression: die der Schwarzen, die keine Chance mehr haben. Die Gewalt, die in den Gettos aufgekommen ist, nachdem politische Hoffnungen der 60er und 70er Jahre (Martin Luther King bzw. Black Panther) sich als illusionär erwiesen haben. Man denke an das, was sich am 29. April 1992 in den Unruhen von Los Angeles entladen hat – die pure Ausweglosigkeit. Und HipHop ist nichts anderes als die kulturelle Umsetzung dieser Ausweglosigkeit. Es geht nur mehr darum, wie der einzelne mit dieser banalen, alltäglichen Gewalt am besten zurechtkommt. Im HipHop-Slang nennen sich die Schwarzen mittlerweile selbst gegenseitig „nigga" – zynisch wird die ausgrenzende Vokabel genutzt, um soziale Stigmata zu dokumentieren. Auch Weiße werden dadurch ständig an die Schande der Rassendiskriminierung erinnert.[3] Die gesamte Atmosphäre, zu der HipHop gehört, ist am dichtesten im Film ‚Menace II Society' von Albert und Allen Hughes zu erkennen (siehe Kapitel II.8.), der als äußerst eindringlicher Film in den deutschen Kinos des Jahres 1993 natürlich kein kommerzieller Erfolg werden konnte.

Was den amerikanischen Sittenwächtern allerdings die größten Kopfschmerzen macht, ist die Wirkung von HipHop auf weiße Jugendliche. Ausgerechnet die extreme Spielart, der Gangsta-HipHop, verkauft in den USA, wenn man dem Rap-Magazin ‚The Source' glauben darf, 70 Prozent seiner Platten an weiße Jugendliche.[4] Und das, obwohl Gangsta-Rapper den Weißen teilweise unverhohlen den Kampf ansagen. Gangsta-HipHop im speziellen wie auch HipHop im allgemeinen gehören mittlerweile genauso zum Stilensemble weißer Jugendkulturen wie etwa Heavy Metal oder Punk. HipHop, und mit ihm die Inhalte, die er transportiert, hat seit dem Ende der 80er Jahre einen Siegeszug angetreten wie kaum eine neue Musikrichtung in den letzten 20 Jahren.

In Deutschland wird HipHop, nach einem kurzen Boom Anfang der 80er, in nennenswertem Maße erst seit 1987 gehört und auch produziert. Meist waren es Cliquen aus den Trabantenstädten der Großstädte, die anfingen, Graffiti zu sprühen, zu breakdancen und auch zu rappen. Das Zusammenspiel dieser drei Komponenten wird traditionell als die eigentliche HipHop-Kultur gesehen und von orthodoxen HipHoppern massiv gegen weniger dogmatische Auffassungen verteidigt.[5] Die ersten HipHop-Szenen bestanden aus sehr jungen Leuten, die häufig nationalen Minderheiten angehörten. Die sich daraus entfaltende HipHop-Geschichte in Deutschland war sowohl gekennzeichnet von erbarmungswürdigem, pubertierendem Unsinn als auch von beeindruckenden Beispielen, wie Rapper die eigene Lebenssituation in ihrem neuen Medium rüberbrachten.[6] Zu einer der bekanntesten und erfolgreichsten deutschen Bands gehört die multinationale Fresh Familee aus Ratingen. Wir trafen sie im Düsseldorfer Rheinklang-Studio bei den Aufnahmen zu ihrer dritten CD.

Es herrscht gemütliche Betriebsamkeit in den Studios, wo schon Klassiker wie seinerzeit Rheingolds ‚Dreiklangdimensionen‘ aufgenommen wurden. Suli Isak, 19, Higgi Kandri, 20, und Jöak Müller, 22, hängen im Vorraum des eigentlichen Studios herum, alle natürlich in Clubwear, und spielen ‚Mortal Kombat’ (siehe Kapitel IV.1.). Tachi Cevik, 23, ist gerade bei einer Aufnahme. Wir reden über die Faszination des US-HipHop auf deutsche Kids in den frühen 80er Jahren.

„Das begann 1984 mit der ersten Breakdance-Welle, die aus den USA herüberschwappte“, erinnert sich Higgi. „Wir haben da auch angefangen zu breaken und Musik zu machen. Erstmal haben wir Songs nachgerappt, dann aber bald selbst welche geschrieben.“ Mit unbändiger Energie und mit Enthusiasmus gelang es ihnen nach und nach, den mit Slangausdrücken gespickten Wortschwall der amerikanischen Rapper zu entschlüsseln. So entstand die erste HipHop-Szene in Ratingen-West.

Getto-Rapper aus Ratingen-West: Fresh Familee.

Ratingen-West muß man kennen, um die Fresh Familee zu verstehen. Die Trabantenstadt im Nordosten von Düsseldorf besteht so gut wie ausschließlich aus anonymen Wohnblöcken und einigen Einkaufszentren. „West", wie es im örtlichen Jargon einfach nur heißt, ist schon lange ein sozialer Brennpunkt, gekennzeichnet durch eine hohe Ausländerrate und starke Jugendkriminalität. Natürlich ist Ratingen-West nicht mit den US-Gettos Compton oder Bronx zu vergleichen. Trotzdem fühlten die Familee-Mitglieder schon sehr früh, daß die Rapper von New York genau das artikulierten, was auch ihre Lebenssituation hier in West ausmachte. Higgi: „Wir konnten uns mit dem Lebensgefühl des HipHop sehr gut identifizieren, weil es ein Lebensgefühl von Minderheiten ist. Wir sind ja auch zum größten Teil Ausländer." Tachi ist Türke, Suli Iraner, Higgi Serbe, Jöak Deutscher.

Die Mitglieder von Fresh Familee bildeten die Keimzelle für ein ganzes Szene-Netzwerk von Jugendlichen in Ratingen-West, die von der HipHop-Kultur begeistert waren. Suli: „Man kannte sich, man breakte zusammen, und so entstand langsam die Szene. Das war nicht irgendein Trend oder so was. HipHop sagt, was du fühlst, was im Moment abgeht, das, was man denkt, Mann."

Tachi kommt herein, der Wortführer der Gruppe. HipHop hat ihn aus der Scheiße geholt. „HipHop hat mir den rechten Weg gezeigt, denn ich bin in Ratingen-West aufgewachsen. Und der größte Teil der Bekannten, die du da hattest, so mit zwölf, dreizehn, die waren halt so drauf, daß die kriminell waren. Da wird man beeinflußt. Wir waren halt 'ne Jugendgang. Wir haben alles Mögliche gemacht, weil das gehörte halt dazu, Klauen, Einbrechen, Raub. Als ich dann dreizehneinhalb war, habe ich zum ersten Mal im Fernsehen Breakdance gesehen und hab' mitgekriegt, daß das Schwarze machen, das hat mich fasziniert. Ich hab' das dann auch einstudiert, mit Kumpels und so, aber das mit der Gang-Geschichte, das ging immer noch weiter. Wir waren ziemlich hart drauf damals, viele mieden uns. Von der Fresh Familee war damals aber noch keiner dabei. Als ich 16 war, fanden wir uns dann alle vorm Jugendrichter wieder, und ich bin das erste Mal ins Heim gegangen. HipHop hat viel damit zu tun, daß ich heute anders drauf bin. Wenn ich nicht an HipHop gekommen wäre, wäre ich vielleicht längst in der Klapse gelandet oder hätte mir einen goldenen Schuß gesetzt."

Statt dessen begann er, Graffiti zu sprayen und dann, mit 18, auch Rap-Reime zu schreiben. Die erste HipHop-Gang in Ratingen hatte damals 20 Leute, kurze Zeit später, 1988, wurde die Fresh Familee als eine der ersten HipHop-Bands in Deutschland gegründet. Tachi versucht trotz nationaler Bekanntheit nach wie vor, diese lokale HipHop-Gemeinde in Ratingen-West zu vergrößern, zum Beispiel mit einem Break-

dance-Workshop. HipHop ist hier eine der wenigen Perspekti-
ven, aus den Gewalt-Gangs herauszukommen. Wer HipHop
hört, denkt natürlich nicht automatisch um. Tachi: „Es gibt
auch Leute, die immer noch in den Gangs drinhängen, aber
trotzdem HipHop konsumieren. Die verstehen meistens die
Texte nicht. Die gehen dann auf →Jams, vermummen sich und
hauen anderen Leuten auf die Schnauze."

HipHop-Jams

HipHop-Jams sind keine gewöhnlichen Konzerte von Rap-Bands,
sondern eher eine Art Treffen, bei denen jeder mal ans Mikrophon
und aus dem Stegreif rappen darf. Auch Breakdance-Einlagen können eine wichtige Rolle spielen. Häufig werden in regelrechten
Wettbewerben die besten Tänzer gekürt.

HipHop gibt also eine Perspektive, die Leute aus der tiefsten
Scheiße holen kann. Wichtig dabei: HipHop verbreitet keine
Visionen.[7] HipHop wird für Jugendliche in problematischen
Lebenssituationen gerade deswegen zur Perspektive, weil nur
die ungeschminkte Realität zu Wort kommt und nicht etwa
von einer unerreichbar besseren Welt geschwafelt wird. Das ist
übrigens auch der Grund, warum der offen zur Schau getrage-
ne Materialismus der HipHop-Stars – früher Goldketten, gegenwärtig immer noch dicke Wagen, teure Klamotten – von
der Basis akzeptiert wird: Alle werden ohnehin nicht mehr gewinnen, da muß der einzelne eben sehen, daß er es schafft –
Hoffnung auf eine *allgemeine* Besserung der Verhältnisse gibt
es nicht. HipHop hilft trotzdem, besser mit der Realität zu-
rechtzukommen. Denn HipHop ist das Medium für Jugendliche, die Probleme beim Namen zu nennen und als selbständige
Personen zu sprechen, nach dem Prinzip: Eine schlechte Wahrheit, die man zusammen mit Gleichgesinnten ausspricht, wird
eine etwas bessere Wahrheit. So ist es zu verstehen, daß die
Fresh Familee auf ihren Konzerten massenhaft Songs gegen
Ausländerdiskriminierung bringt (z.B. ‚Fuck The Skins!'), obwohl ohnehin niemand oder fast niemand im Publikum ideolo-
gisch gefährdet sein dürfte.

„HipHop ist die Musik der Jugendlichen und der Minderheiten nach der Hoffnung auf Überwindung von Widersprüchen, auf Revolution und Utopie", formuliert der Pop-Theoretiker Diedrich Diederichsen: „HipHop ist keine idealistische Musik mehr, die von etwas träumt und dann an falschen Verhältnissen scheitert." Und: „Hoffnung ist bei HipHop meist die Tatsache, daß es kaum schlimmer geht." [8]

So weit, so schlecht. Daß es einem in Ratingen-West kaum noch schlimmer gehen kann, mag angehen. Nur leben die allermeisten Jugendlichen in Deutschland nicht in Trabantenstädten. Aber sie hören dennoch HipHop, tragen HipHop-Accessoires und sehen ‚Yo! MTV Raps!'. Geht es bei ihnen auch „kaum schlimmer"?

Das Getto im Kopf – ein großes deutsches Mißverständnis

Man könnte geradezu von einem „Getto im Kopf" sprechen, das sich, unterstützt durch HipHop, in der deutschen Jugendkultur breitgemacht hat. Die Botschaft und die Ästhetik des HipHop und damit auch dessen Lebensgefühl werden in soziale Umfelder transportiert, in denen sie eigentlich nichts verloren haben. Der deutsche Realschüler in Münster-Hiltrup, der schon zum 18. Geburtstag seinen ersten Golf bekommt, hört genauso gerne Ice-T wie der tatsächlich „betroffene" Iraner in Berlin-Lichtenberg. Oft wird in der Phantasie ein wenig nachgeholfen, um auch in Deutschland ein bißchen Getto-Bewußtsein zu bekommen. So gibt es verwirrte HipHopper, die sich die Haare kurz scheren und regelmäßig das Sonnenstudio aufsuchen, um möglichst „schwarz" auszusehen. Oder es gibt die Hamburger Gruppe Easy Business, die auf ihrer 94er-Platte ‚Encyclopedia' die Gewalttätigkeiten auf deutschen HipHop-Jams anprangerten. Sebastian Zabel fragte daraufhin in der Szenezeitschrift ‚Spex' ganz zu Recht: „Meint Ihr etwa diese netten Zusammenkünfte in Jugendzentren, wo junge Menschen Musik hören, tanzen, das Mikrophon kreisen lassen? (...) Wo lebt Ihr eigentlich?" [9] Es ist eben schon, ungeachtet aller tatsächlich vorhandenen sozialen Probleme in deutschen Großstädten, etwas lächerlich, wenn Jugendliche in Military-Tarn-anzügen durch die Nachbarschaft patrouillieren, es macht fast den Eindruck, als wünschen sie sich die Verhältnisse der US-Gettos auch in ihrer Heimatstadt herbei. Noch mal Zabel: „Drive-By-Shooting [vorbeifahren und abknallen, d. A.] sollte man denen überlassen, die damit leben müssen."[10]

Das „Getto im Kopf" reicht freilich über diese vereinzelten Übersteigerungen hinaus. In Deutschland wird von Jugendli-chen per HipHop eine ganze Philosophie übernommen, die of-fensichtlich großen Reiz ausübt.

Die Medien haben daran nicht wenig Anteil. Besonders die Trend-Journalisten, immer auf der Suche nach neuen, verkaufs-trächtigen Moden, schwenkten bereitwillig auf das Thema Gangsta-HipHop ein. Musikjournalisten wie Michael Fuchs-Gamböck vom ‚Wiener' bejubelten die Gangstas: „Aus den Metropolen bringen sie mit, was wir viel zu lange vermißt ha-ben: Authentizität."[11] Fuchs-Gamböck gesteht sich natürlich nicht ein, daß in dieser Musik Erfahrungen verarbeitet werden, die mit seiner eigenen Realität herzlich wenig zu tun haben. Für ihn ist es „überzeugender Zorn, in den man sich leicht selbst hineinversetzen kann".[12]

Getto-Kultur im Sport: die Masche mit dem Streetball

Getto-Kultur wird in Deutschland natürlich nicht nur in Mu-sik umgesetzt. Sondern z. B. auch in Streetball, dem Adidas zu einem regelrechten Boom verhalf (siehe Kapitel III.1.): „Game Beats für den Asphalt-Dschungel" versprach die zugehörige CD ‚Streetball Rap', und im Waschzettel für die Presse wird der Zusammenhang zwischen Streetball und den schwarzen Gettos ausgeschlachtet. Alles für den perfekten Lifestyle der deutschen Konsumkinder:

„New York – die Millionen-Metropole an der amerikani-schen Ostküste. Inbegriff der Vorstellungen vom ‚Großstadt-dschungel'. Ein Schmelztiegel der Kulturen, ein Moloch voller Gegensätze. Wie durch ein Brennglas betrachtet, manifestiert sich hier die tiefe Kluft zwischen arm und reich, schwarz und weiß, Latinos und Asiaten." Und auf der armen Seite der Kluft, bei den Jugendlichen der Straße, entstand Streetball: „Egal, ob auf Hinterhöfen oder öffentlichen Plätzen: Hier gilt das Gesetz der Straße, nur der Stärkste übersteht die Herausforderung des Asphalt-Dschungels. Nicht umsonst ertönen aus dem Getto-Blaster am Spielfeldrand knallharte HipHop-Beats, wenn diese namenlosen Stars, deren Namen niemals Erwähnung auf den Sportseiten der Zeitungen finden, voller Hingabe und Ehrgeiz zelebrieren." [13]

Ob Adidas Streetball zu dem gemacht hat, was es heute ist, oder ob sich der amerikanische Straßensport hier auch selbständig langfristig durchgesetzt hätte, spielt schon lange keine Rolle mehr. Fakt ist, daß Tausende deutsche Jugendliche eine amerikanische Sportart betreiben, einzig *weil* sie aus dem Getto kommt. Ein gutes Feeling?

Getto-Kultur: eine prägende Jugendkultur der Zukunft?

Was hat die Getto-Kultur in einem Kapitel über „die Zukunft der Jugendkultur" zu suchen? Recht viel; sie gibt schon heute sehr vitale Ausdrucksweisen an die Hand, und es ist von ihr noch einiges zu erwarten. So kann sie durchaus Aufschluß darüber geben, wie sich viele Jugendliche in Deutschland tatsächlich fühlen: Getto-Kultur steht für Härte, Selbstbehauptung, Realismus in einer Welt, in der es keine Hoffnung und keine Visionen mehr gibt. Wer HipHop hört, empfindet auch die bundesrepublikanische Wirklichkeit so – ob bewußt oder unbewußt, spielt kaum eine Rolle. Im HipHop wird ihm die gesamte Welt zum Getto, in dem man sich behaupten muß – und eine derartige radikale Lebenseinstellung kann nicht nur vorgefertigtes Klischee sein oder Ausfluß von Marketingstrategien.

Was natürlich nicht heißt, daß Getto-Kultur ausschließlich pessimistisch oder gar depressiv ist. Man darf nicht vergessen, daß sie zwar in einer harten, kalten Welt angesiedelt ist, aber vom Glauben an die eigene Person und die eigene Stärke – im US-HipHop als geradezu aberwitziger Ego-Kult ausgelebt – getragen wird.

Diese Ambivalenz korrespondiert mit den Ergebnissen einer Jugendstudie, die BBDO, die größte deutsche Werbeagentur, durchgeführt hat. Für ‚future youth‘, so der Titel der Untersuchung, wurden Gespräche mit dreitausend Jugendlichen in zwanzig europäischen Ländern geführt. Ergebnis: Die Zukunft der Welt sieht man alles andere als rosig, an das eigene, individuelle Glück glaubt man dennoch; ‚future youth‘ attestierte der Jugend Visionslosigkeit, Materialismus und Wettbewerbsorientierung – alles Attribute, die das Herz jeder Getto-Kultur bilden.[14]

2. Without going out of my door – Jugendkultur und neue Technologien

> *„Without going out of my door,*
> *I can know all things on earth."*
> (George Harrison, ‚The Inner Light‘, 1968)

Neue Technologien sind ein Lieblingskind aller Spekulationsfreudigen. Allein das Schlagwort „Multimedia" wird jeden Tag aufs neue strapaziert. Bislang bedeutet es allerdings nur, daß man auf seinem Computer neben Bildern auch Töne erzeugen kann. Und die klingen sehr viel perfekter als auf den Geräten der ersten Computergenerationen. Von ausgefeilten virtuellen Realitäten ist der Alltag eines durchschnittlichen Computer-Anwenders jedoch noch weit entfernt. Wer einen Multimedia-Computer besitzt, verfügt über folgendes Grundensemble: eine Zentraleinheit mit CPU, einen Bildschirm, Diskettenlaufwerke, mindestens eine Festplatte sowie eine Soundkarte und ein CD-ROM-Laufwerk. Und erst die letzten beiden Zutaten machen aus einem Allerwelts-PC eine Multimedia-Maschine.

Damit kann man schon größere Sprünge als ein herkömmlicher PC-Besitzer machen. Der Klang wird durch die Soundkarte reichhaltiger, die Bildwiedergabe profitiert per CD-Laufwerk von der erheblich höheren Datenmenge und erlaubt mehr

Farben und Schattierungen. Aber von einer virtuellen Realität, die so suggestiv und echt wirkt wie die Dinosaurier in Spielbergs ‚Jurassic Park‘, ist Multimedia noch Lichtjahre entfernt. Das liegt schlicht und einfach daran, daß die Prozessoren nicht schnell genug, die Speicherkapazität nicht groß genug und der Konsument nicht reich genug sind. Mit einem Segelflugzeug kann man nun einmal nicht auf den Mond fliegen.

Um so einfacher ist es deshalb, nach Herzenslust zu spekulieren. Kein Visionär läuft Gefahr, schon im nächsten Jahr von der Realität widerlegt zu werden. Aus den unzähligen Möglichkeiten, die neue Technologien in der Zukunft mit sich bringen sollen, haben wir daher nur drei Szenarien ausgewählt, die besonders eng mit Jugendkultur assoziiert werden. Es handelt sich um virtuelle Welten, neue Fernseh-Technologien und interaktive Ton- bzw. Bildträger:

Der Holo-Trip

Kalvin Gross hat das Glück, im Jahre 2024 seinen 19. Geburtstag zu feiern. An diesem Tag macht ihm sein Vater das schönste Geschenk: den Access-Code zur Datenbank der ‚Theme World Inc.‘ (TWI). Wenn Kalvin am Home-Terminal im Hobbykeller seiner Eltern einen kleinen Chip in das Lesegerät schiebt, kann er aus der holographischen Datensammlung der TWI sämtliche Szenarien der Erd- und Menschheitsgeschichte abrufen – und darin eintauchen. Zur Feier des Tages reist er heute ins Jahr 1969, nach Woodstock, N.Y., denn ihm ist gerade so hippiemäßig zumute. Er tanzt im Schlamm, während Joe Cocker ‚With A Little Help From My Friends‘ singt. Natürlich in einer digital remasterten Fassung, so daß Baß und Schlagzeug rhythmisch begradigt und soundmäßig wuchtiger und tanzbarer gemacht worden sind. Er sieht, wie sich über den Festival-Wiesen eine Formation B 52-Bomber in Schmetterlinge verwandelt, riesige Peace-Embleme über den Horizont rollen, und den Sonnenuntergang startet er gleich dreimal neu.

Alle Befehle werden per *Interactive Brainwave Visual Analyzer* gegeben, einem Datenreif, den sich der Holo-User vor

Beginn seines digitalen Trips um den Kopf legt. Schließlich steuert man die neueste Computer-Generation bloß noch mit Gedankenströmen und nicht mehr wie früher per Sprache. Die Faustkeile der Computer-Steinzeit, sprich Maus oder Tastatur, findet man nur noch im Museum für Industrie-Design.

Kalvins Vater hält nichts von „diesen ganzen automanipulierbaren Pop-Holos". Er bevorzugt die Abteilung „Authentic History Encounter". Das sind mit Akribie erstellte und wissenschaftlich abgesicherte Szenarien, in denen, optional, ein bekannter Historiker – natürlich komplett → gerendert – zum Beispiel durch den 4. Juli 1776 führt, sogar persönliche Worte an den Holo-User richtet und stets für dessen Fragen bereitsteht. Kalvins Vater liebt es jedoch, sich ohne Historiker und völlig unauffällig unter die Menschen jener Zeiten zu mischen, „weil dann das Erlebnis einfach wahrheitsgetreuer ist".

Rendering

Methode zur Herstellung dreidimensionaler Körper in der Computergrafik. Rendering beruht auf dem Prinzip des Raytracing (Engl. ray = Strahl und trace = Spur). Dabei wird der Lichtverlauf eines Körpers berechnet und als komplexes System aus Farb- und Schattierungswerten auf dem Bildschirm abgebildet. Detailreichtum und Realitätsnähe sind bislang unerreicht. Fast alle Spieleproduzenten haben mittlerweile gerenderte Elemente als suggestive Verstärkung des Spiel-Szenarios entdeckt.

So könnte die Zukunft aussehen, solche und ähnliche Visionen schwingen mit, wenn gegenwärtig das Wort „Multimedia" fällt. Soft- und Hardware-Produzenten arbeiten fieberhaft an der Weiterentwicklung digitaler Möglichkeiten und füllen die Lücke zwischen Realität und ‚virtual reality' zielstrebig aus.

Das Ziel ist eine gigantische, erdumspannende Datenvernetzung. Die Welt wird dadurch noch mehr schrumpfen, wird immer mehr zusammenwachsen und sich deshalb auch immer stärker angleichen. Die Vision des „global dancer" – heute noch, wie es der Hamburger ‚Mojo-Club'-Macher Leif Nüske formuliert, „Wunschdenken" einiger Marketing-Leute und visionärer Raver – könnte dann Wirklichkeit werden. Allerdings reist dieser Tänzer nicht tatsächlich in der Welt herum, und nicht einmal die Diskos, in denen er feiert, werden real vorhanden sein. Vielmehr loggt er sich per Paßwort in virtuelle Diskotheken ein. Die können in Barcelona stehen, in New York, in Peking oder in Sydney. Und tatsächlich werden sie dort in Rechnern mit heute noch undenkbarer Kapazität und von aufwendigen Programm-Codes erzeugt – inklusive Musik und Lichteffekten. Man tanzt so lange, wie die Leitung steht und muß nicht einmal seine Wohnung dazu verlassen. Dereinst kann man möglicherweise den Abend in Asien beginnen und in Amerika beenden.

Hinter all diesen Bemühungen steht ein alter, mystischer Traum: alles mitzubekommen, alles kennenzulernen, alles erleben zu können. Die Computerbranche nährt diesen Traum jeden Tag aufs neue. Fachmessen werden zu Fenstern, durch die man kurze Blicke in die Zukunft werfen kann. Auf der ‚Siggraph‘ in Orlando, Florida, wurde im Sommer 1994 zum Beispiel vorgeführt, wie sich Computer-Hersteller das Shopping der Zukunft vorstellen. Forscher der University of California, San Diego, ließen ein Pilotprojekt namens ‚In the bag‘ laufen, das Shopping im virtuellen Raum, 24 Stunden am Tag, ermöglicht. Man tippt einfach per Datenhandschuh die im Raum einer marmorgetäfelten Halle schwebenden Einkaufstüten an.

Das ist pure Zukunftsmusik. Das Machbare sieht zur Zeit noch anders aus: entweder „Touch Screens" in den Kaufhäusern und bei Fahrkartenautomaten oder sogenannte „interaktive Kataloge", die das, was es sonst auf Papier gab, jetzt auf Disketten bieten. Da ist es schon ein absolutes High-Tech-Unterfangen, wenn die ‚Schweizerische Bankgesellschaft‘ mit einem Infomobil für junge Zielgruppen auf die Straße geht. 250 000 Franken kostete die Produktion der Show mit Flügen durch Tunnel und über Städte mittels 3-D-Brillen und Datenhandschuh. Diese ‚Cyberspace-Roadshow‘ wurde vom Fraunhofer-Institut für grafische Datenverarbeitung (IGD) in Darmstadt entwickelt.

Jugendkultur ist natürlich für derlei Innovationen immer zu haben. Sämtliche Computerspiele, die in den letzten Jahren auf den Markt kamen und technische Neuerungen zu bieten hatten, wurden zu Verkaufserfolgen – selbst das grafisch hinreißende, aber spielerisch eher zähe Puzzle-Abenteuer ‚The 7th Guest‘.

Aber zur ‚TWI-Holo-Bank‘ sind es noch etliche Jahre. Überhaupt wird die Entwicklung eher von nüchternem marktwirtschaftlichem Denken bestimmt, da können die schönen neuen Cyber-Welten noch so verlockend beschrieben werden. Zuerst muß die Infrastruktur geschaffen werden, vor allem der vieldiskutierte „Daten-Highway“: Glasfaser-Kabel, die Informationen in unvorstellbarer Geschwindigkeit und Menge kreuz und quer über den Globus transportieren können. Insider sehen die Eröffnung dieser Info-Autobahn sehr nüchtern. Etwa Bill Gates, Chef des Software-Giganten Microsoft: „Nur wenn das Business den Information-Highway wirklich braucht, wird er gebaut.“ [15] Aber das Business weiß zur Zeit noch nicht so genau, ob es ihn braucht.

Das interaktive Fernsehen

Mit diesem Daten-Highway steht und fällt aber ebenfalls das Schicksal des Fernsehens der Zukunft. „Interaktivität“ ist auch auf diesem Feld neben „Multimedia“ das Wort der Stunde. Man will das passive Glotzen, im Fachjargon „one-way-communication“ genannt, und damit das Zapping weitgehend beseitigen und den Zuschauer wieder stärker an einen Sender oder an eine bestimmte Sendung binden, gewissermaßen die Revitalisierung der einstigen televisionären Monogamie betreiben. SAT.1-Programmchef Knut Föckler hat denn auch Großes für die Zukunft vor: Interaktivität soll „Zapper am Kanal, Schnellgucker am Schirm und Superschlaue am Drücker halten“.[16] Der Zuschauer soll aktiv per Tastatur in den Fortgang von Seifenopern eingreifen, ohne den Fernsehsessel zu verlassen an Game-Shows teilnehmen oder Nachrichten in einer unendlichen Vielfalt und zu jedem Zeitpunkt des Tages abrufen können. Banking, Shopping und Datenbank-Recherche sollen ebenfalls in dieser neuen Welt per Fernseher zu haben sein. „Das Fernsehen verschmilzt mit dem Computer zum universellen ‚Interface‘, mit dem das Individuum mit der Welt kommuniziert – ein Prozeß in beiden Richtungen.“[17]

SAT.1 sammelt derzeit schon erste Erfahrungen mit Interaktivität und jungen Zielgruppen: Der Fernseh-Snack ‚Super!!!‘, ein Magazin mit News, Talks und Videos, bezieht das Engagement des Zuschauers bereits ein. Und zwar unmittelbar: Per Telefontasten können die Kids eine Studiokamera steuern. Ziel des ‚Robot-Cam‘ genannten Spiels ist es, das ‚Super!!!‘-Logo innerhalb von dreißig Sekunden mit einer Bildschirm-Maske zur Deckung zu bringen. Und im ‚Dog-Tor-Spiel‘ treten zwei Zuschauer tastendrückend gegeneinander an und müssen ihren ferngesteuerten Knochen auf Rädern als erster in eine Hundehütte manövrieren. Das ist die konsequente Weiterentwicklung des „Höher-tiefer-rechts-stop“-Telefonzielens aus dem legendären ‚Goldenen Schuß‘.

Nach ‚Super!!!‘ kann der unermüdliche Telefon-Daddler dann noch in ‚Games World Live‘ hineinschauen. Geboten werden hier eigentlich bloß ganz konventionelle Spiele der Sega-Videospielkonsolen, die man jedoch per Tastentelefon gegen andere Zuschauer spielen kann. Wer eine Runde übersteht, muß zusätzlich noch den „Videator“ schaffen, einen Profi aus den Reihen des ‚Games World‘-Teams.

Die persönliche CD

Auch die CD-ROM beflügelt die Fantasie von Produzenten wie Konsumenten ungemein. Denkbar wäre, daß der Musik-Liebhaber schon bald nicht mehr in ein Plattengeschäft gehen muß, um eine CD zu erstehen. Vielmehr setzt er sich zu Hause an seinen Computer, loggt sich in die Datenbank eines Plattenlabels ein und kann nun per Mausklick durch die Menüs wandern. Hier findet er zunächst eine Auswahl nach Gattungen. Er wählt vielleicht „Irish Folk“, und ein alphabetischer Katalog der Interpreten klappt aus. Oder ein chronologischer mit Titeln. Oder eine Liste aller Stücke, in denen eine keltische Harfe gespielt wird. Oder irgendeine andere Sortierung. Passend zum angewählten Titel wird ein Bild oder sogar ein kurzer Video-Clip der Gruppe gezeigt. Will man den Titel kaufen, klickt man einfach auf den „ok"-Button. Am Ende einer solchen Wahl-Session hat der Kunde schließlich seine eigene interaktive CD-ROM mit Bild und Musik zusammengestellt. Sie wird ihm entweder direkt über Modem auf seine Festplatte aufgespielt oder per Kurier zugestellt.

Ähnliche Verlockungen könnten auf den Filmfan warten. Er streift ganz nach Belieben durch den Fundus einer Filmgesellschaft, kann ebenso auswählen wie der Musikfan. Und bekommt die Laserdisc prompt zugestellt oder den Film per Glasfaser in sein Fernsehgerät eingespeist.

Derartige Szenarien dürfen über eine Tatsache nicht hinwegtäuschen: Information und Datenübermittlung beruhen auf einer Kette von Prozessen und Prozessoren. Und das Ergebnis ist letztlich nur so gut wie das schwächste Glied dieser Kette. Vom Datenursprung über das Speichermedium des Produzenten und die Datenübermittlungsleitung bis zum Heimgerät des Endverbrauchers muß eine Infrastruktur vorhanden sein, von der wir noch Jahre oder gar Jahrzehnte entfernt sind. Denn selbst wenn es einen abrufbaren Titelfundus einer Plattenfirma irgendwann geben sollte, muß der Konsument ihn auch nutzen können und einen Rechner besitzen, der die Kapazitäten dafür aufweist. Und wenn der Fernsehsender in der Lage ist, interaktive Game-Shows und technische Finessen im Überfluß zu bieten, muß das Gerät im Privathaushalt ebenfalls auf diesem Stand sein.

Aber wie auch immer die Entwicklungen der Zukunft aussehen, sie werden ganz bestimmt in besonderem Maße auf die Jugend zielen. Denn Produktentwickler und Marketing-Strategen wissen um die Talente, die Akzeptanz und die Experimentierfreude der jungen Zielgruppen, und damit um den ungeheuren Markt, der hier wartet. Der Münchner Agenturchef Stefan Maurerer: „Kinder sind Talente im Umgang mit Fernsehen und Computer. Sie wachsen mit der Fernbedienung in der Hand auf, sind offen für Information und Unterhaltung, verweigern sich nicht. Der Computer entwickelt sich aus dem Spiel heraus zum virtuellen Freund."[18]

3. Mythen und Entertainment – die Jugendkultur der Zukunft

Tja, wie geht's weiter? Das ist immer die interessanteste, aber auch schwierigste Frage. Welche wesentlichen Trends die Jugendkultur der 90er ausmachen, haben wir gesehen. Gehen wir davon aus, daß sie auch weiterhin bestimmend bleiben werden, ja, daß ihr Einfluß noch wächst, dann wären folgende Entwicklungen zu erwarten:

Immer größer, immer feiner

Zwei Grundströmungen prägen fast alle dargestellten Bereiche: Konzentration und Vermassung auf der einen, Spezialisierung und Differenzierung auf der anderen. Dazwischen findet immer weniger statt. Was bereits groß ist (Pop-Megastars, Disco-Tempel, Kinofilm-Etats), wird noch größer und dabei immer uniformer auf einen möglichst breiten Massengeschmack zugeschnitten. Was dagegen klein ist, spaltet sich, analog zur Differenzierung der Szenen, noch weiter auf: in Musikstile und Moden mit noch raffinierteren Erkennungszeichen. Die Jugend, die wir gezeichnet haben als zwischen Kommerz und authentischer Kreativität stehend (siehe Kapitel I.4.), wirft sich in der Masse dem Kommerz in die Arme, läuft ihm aber zugleich grüppchenweise durch die Spezialisierung der Vorlieben davon. Denn diese Verfeinerungen bekommt die Kommerzmaschine nur schlecht in den Griff. Hier entstehen weiterhin Räume, in denen Jugendkultur sich authentisch und erfindungsreich erneuern wird. Hipness als Waffe gegen das große Geschäft.

Das Erlebnis-Diktat

So wie der Sport (siehe Kapitel II.4.) fallen immer mehr Bereiche der Jugendkultur unter den Einfluß des Erlebnis-Diktats. Was der Soziologe Gerhard Schulze in seiner ‚Erlebnisgesellschaft' als latentes Problem für ganz Deutschland beschreibt, wird auch in der Jugendkultur immer häufiger gefragt: Wo ist das Erlebnis? Ein denkbares Erlebnisfeld der Zukunft könnte sein: Zähneputzen. Früher war das lediglich ein öder, aber notwendiger Akt ohne Lustgewinn. Was aber, wenn Zahnpasta-Produzenten eine neue Pasta mit ‚Red Bull'-, ‚Flying Horse'- oder ‚Cola light'-Geschmack auf den Markt bringen? Und die passend gestylte Bürste gleich dazu? Zähneputzen bekommt dann vielleicht eine Qualität, die den funktionalen Akt aus dem Bereich des Lästig-Banalen direkt in die Erlebniswelt katapultiert. Wieder ist ein Stückchen Alltag zum Event geworden.

Aber was würde dann aus solchen Aktivitäten, die dem niemals gerecht werden können, zum Beispiel Funktionärstätigkeiten in Vereinen oder soziales Engagement? Wird man sich zukünftig für alles, was es in diesem Leben zu tun gibt, einen Extra-Thrill ausdenken müssen?

Die Trendpolizei

Alle Bereiche, die dem „Erlebnis" entgegenstehen, werden zum Problem. „Du engagierst dich? Das versteh ich nicht, das macht doch gar keinen Spaß." Auch die rein funktionalen Dinge blicken schweren Zeiten entgegen: „Du hast ja eine total unhippe Nagelschere, ekelhaft." Jugendkultur weitet sich damit auf Felder aus, auf denen sie früher bedeutungslos war. Es wird dann Szene-Zahnbürsten, Szene-Scheren, Szene-Klopapier geben. Die entsprechenden Designer-Teile gibt's schließlich schon. Lächerlich? Vor hundert Jahren konnte sich auch noch niemand vorstellen, daß es einmal junge Brillen geben würde. Die Jugendkultur wird also selbst in Sachen Zahnbürsten bald schon wissen, wie man sich sowohl von seinen Eltern als auch von anderen Szenen absetzt.

Erlebniswelt, Jugendkultur und Trendmechanismen weiten sich also aus. Und sobald Marken auftreten, werden die betroffenen Bereiche des Alltags mit symbolischer Bedeutung aufgeladen. Die Gegenstände werden immer mehr über ihre Besitzer aussagen. Nicht mehr nur Kleidung, Auto oder Outfit werden dann peinlichst nach bestimmten Szene-Regeln zu erwerben sein. Auch die Wahl der Haftpflichtversicherung, der Kaffeesorte oder der Socken wird zu einer Glaubensfrage avancieren. Die Möglichkeiten zur Selbststilisierung mögen damit steigen, gleichzeitig wird es aber auch stressiger, die Gesetze der „Trendpolizei" zu befolgen. „Kann ich diese Socken überhaupt kaufen? Gefallen tun sie mir ja. Aber sind sie auch korrekt?" Ein immer verwirrenderer Regelapparat von „du darfst" und „du darfst nicht" wird immer penetranter in den Alltag eingreifen. Das wird andererseits eine nicht unbeträchtliche Zahl von Jugendlichen zum Total-Ausstieg aus dem Trendkarussell bewegen.

Die neuen Mythen im Entertainment-Klumpen

Wir haben gesehen, daß Mythen der Jugendkultur, Figuren wie Han Solo aus ‚Star Wars' oder Super Mario von den ‚Super Mario Bros.', längst nicht mehr nur Filmhelden bzw. Figuren aus Computerspielen sind. Ihr Eigenleben jenseits des ursprünglichen Trägermediums ist in Marketing-Etagen der großen Unternehmen nicht unbemerkt geblieben. Und nährt dort neue Träume. Es ist schließlich möglich, die Hauptfigur eines Spielfilms gleichzeitig als Computerspiel, Comic, Popstar und Werbeträger auf den Markt zu bringen. Selbst wenn dieser Filmstar weder tanzen noch singen kann – für ein Popvideo wird er einfach ganzkörpergescannt und durch Computermanipulation animiert. Aber ja, mittels digitaler Manipulation wird *jeder* Mensch *alles* können. Zumindest auf den Bildern, die von ihm vermarktet werden.

In Zukunft werden Stars also nicht mehr auf der Bühne geboren. Auch nicht mehr auf Comic-Seiten oder in CD-Spuren. Sie werden überhaupt nicht mehr in nur *einem* Medium debütieren. Vielmehr könnten freie Kreativ-Büros, sogenannte „Mythen-Fabriken", eine Figur, eine Geschichte oder ein neues Jugendprodukt konzipieren. Einzige Maßgabe: Man wertet gewissenhaft die Berichte der Trend-Agenturen aus, liest in den Zeitläuften und schneidert den neuen Mythos genau darauf zu. Dessen Materialisation in allen kulturellen Produktionszweigen ist dann nur noch eine Sache der Technik. Damit werden Träume wahr: Die Mythos-Fabrik läßt ein erkanntes Bedürfnis der Zielgruppen zu einem allseits konsumierbaren Produkt werden. Und das hat schon begonnen: Die Familie Feuerstein gibt es mittlerweile als Comic, als Film und in der Werbung. Und auch erfolgreiche TV-Serien wie etwa ‚Beavis & Butthead‘ ziehen unweigerlich die Vermarktung durch Schallplatten und Comics nach sich.

Die Folge: Populäre Mythen überschreiten die Grenzen von Film oder Popmusik, und die jugendkulturellen Bereiche rükken zusammen. Die Multimedia-Entwicklungen (siehe Kapitel V.2.) werden sämtliche Bereiche gnadenlos verschmelzen. Das Angebot wird zu einem umfassenden Verbund, der irgendwann nur mehr durch den Computer vermittelt wird: ein einziger großer Entertainment-Klumpen.

Die neue Macht der Mythen

In diesem Stadium werden die neuen Mythen auch eine neue *Macht* erhalten. Warum? Weil sie nicht mehr durch ein einzelnes, bestimmtes Medium gebunden sind. Das kann auf zweierlei Weise geschehen: Wer im Jahr 1994 siebzehn Jahre alt ist, spielt zwar auf dem Computer fleißig seine ‚Star-Wars‘-Spiele, kennt aber unter Umständen gar nicht das filmische Vorbild, das in die Kinos kam, als er geboren wurde. Für einen Siebzehnjährigen hat sich Han Solo schon aus dem Kontext seiner Entstehung gelöst. Noch konsequenter löst sich die Bindung an ein bestimmtes Medium in der zweiten Variante: Wenn ein Star plötzlich gleichzeitig als Film-, Pop- und Comic-Star auftaucht, kann man ihn nirgends mehr sicher einordnen. Er überschreitet die Grenzen der medialen Bindung und wird zu einem diffusen, aber allgegenwärtigen Bestandteil des Alltags. Beispielsweise der Joker in ‚Batman': Er ist durch den Film gebunden, verliert am Ende und wird dadurch entschärft – bleibt eine ephemere fiktive Gestalt. Singt der Joker jedoch Popsongs und macht Werbung für Speise-Eis, bleibt er allerorten präsent und lebendig.

Die neuen Persönlichkeiten

Die Cyber-Technologie kann in einer ferneren Zukunft immer perfektere Neuschöpfungen der eigenen Persönlichkeit möglich machen (siehe Kapitel V.2.). Vielleicht ist dann jeder Jugendliche in der Lage, im Cyberspace einen eigenen neuen Körper zu kreieren, mit dem er anschließend durch die Netze streift. Er wird eine eigene Erkennungsmelodie komponieren oder sampeln können (siehe Kapitel III.2.). Auch seine eigenen kleinen Filme und Computerspiele wird er entwerfen, wird immer konsequenter in einer Privatwelt leben, die er nur für sich selbst geschaffen hat. Die äußere Realität tritt dahinter immer weiter zurück (siehe Kapitel III.3.). Hunger in der Welt, Parteipolitik, Bürgerkriege – all das erreicht ihn vielleicht gar nicht mehr. Im Extremfall muß sich der Jugendliche nicht mal mehr zum Tanzen aus den eigenen vier Wänden begeben, wie wir am Beispiel des „global dancer" gesehen haben. Jugendkultur findet dann nur noch in den Netzen statt, nicht mehr als soziale Interaktion.

Das Ende des Fraktionszwangs

Die Auflösung kollektiver Strukturen (siehe Kapitel I.2.) und das Erlebnisdiktat verstärken eine latente Tendenz zur Einzelgänger-Gesellschaft. Jeder sucht sich das heraus, was ihm, und nur ihm, Spaß macht. Übergreifende Sinngebungen oder Jugendbewegungen braucht niemand mehr. Dieses Symptom des ‚Ego-Taktikers', wie es die ‚Yo-Yo'-Studie der Werbeagentur Lintas etwas beschönigend nennt, kann auch Vorteile haben: Mit den kollektiven Strukturen sterben Fraktionszwang und

Zum Glück eigenwillig und unberechenbar – Jugend heute.

dogmatisches Denken. So progressiv Bewegungen wie die der 68er auch waren – sie alle tendierten dazu, ab einem bestimmten Punkt dogmatisch zu werden und die Entfaltung neuer Gedanken und kreativer Ansätze zu unterdrücken. Nicht so in der „egotaktischen" Zukunft: Wo es kein verbindliches Lebensideal mehr gibt, stehen viele verschiedene Möglichkeiten gleichberechtigt nebeneinander.

Die Korrektiv-Funktion der Jugend

Die Zukunftsszenarien, die wir da entworfen haben, beruhen darauf, daß die Entwicklungen, die wir im Buch dargestellt haben, ungestört festgeschrieben und von der Jugend willfährig hingenommen werden. Das wird aller Wahrscheinlichkeit nach jedoch nicht so sein. Wer mit Szenarien rechnet, muß eine Variable mit einbeziehen: die Korrektiv-Funktion der Jugend.

Jugend hat im Laufe der letzten Jahrzehnte stets gesamtgesellschaftliche Mißstände reflektiert und auch kritisiert, offen oder auch nur „stumm" und durch ihre kulturellen Symbole. Denn Jugendliche sind bereits erwachsen genug, um Mißstände zu sehen, und sie sind noch nicht so erwachsen, daß sie diese Mißstände im Räderwerk der Alltagswelt einfach hinnehmen würden. Das hat sich im Lauf der Jahrzehnte immer wieder gezeigt und entsprechend Einfluß auf die gesamtgesellschaftliche Entwicklung genommen. In den 60ern wurden Prüderie und politischer Muff gegeißelt, in den 70ern und 80ern Umweltzerstörung und Wettrüsten. Die Techno-Bewegung in den späten 80ern und den frühen 90ern konterkariert nun Entkörperlichung, Langeweile, Utilitarismus und Phantasielosigkeit.

Diese Korrektiv-Funktion ist der Stolperstein aller eindimensionalen Zukunftsszenarien und wird wohl dafür sorgen, daß es in Zukunft spannend bleibt. Denn was immer sich technisch und ästhetisch ändert: Jugend bleibt Jugend – und so immer unberechenbar. Und das ist gut so ...

VI. Anhang

1. Anmerkungen

I. Die gesellschaftlichen Rahmenbedingungen der Jugendkultur

1 Verlagsgruppe Bauer, Die Bedeutung der Akzeleration für das Jugendmarketing, S. 10.
2 Ebd.
3 Ferchhoff: Jugendkulturen im 20. Jahrhundert, S. 65 ff.
4 Jugendwerk der Deutschen Shell: Jugend '92, Bd. 1, S. 12 f., sowie Institut für Empirische Psychologie (Hrsg.): Die selbstbewußte Jugend, S. 13.
5 Bundesministerium für Bildung und Wissenschaft: Grund- und Strukturdaten 1993/94. Bonn 1993. S. 21 f.
6 Ferchhoff, a. a. O., S. 130.
7 Jugendwerk der Deutschen Shell, a. a. O., S. 294 ff., und Institut für Empirische Psychologie, a. a. O., S. 24 ff.
8 Ferchhoff, a. a. O., S. 89 ff.
9 Ebd., S. 130.
10 Melzer-Lena, persönliche Mitteilung am 22. 7. 94.
11 Jugendwerk der Deutschen Shell, a. a. O., S. 237.
12 Wiener 3 (1994), S. 41.
13 Jugendwerk der Deutschen Shell, a. a. O., S. 238.
14 Ebd., S. 221.
15 Ebd., S. 222.
16 Ebd., S. 216.
17 Melzer-Lena, a. a. O.
18 Schulze: Die Erlebnisgesellschaft, S. 464.
19 Jugendwerk der Deutschen Shell, a. a. O., Bd. 2, S. 322.
20 Institut für Jugendforschung, Die Macht der Clique, S. 14 f.
21 Ebd., S. 30.
22 Verlagsgruppe Bauer: Jugend-Marktreport, S. 18.
23 Ebd.
24 Institut für Empirische Sozialforschung, a. a. O., S. 46.

25 Verlagsgruppe Bauer: Die Bedeutung der Akzeleration für das Jugend-Marketing, S. 29.
26 Verlagsgruppe Bauer: Jugend-Marktreport, S. 31.
27 Vascovics/Schneider: Ökonomische Ressourcen und Konsumverhalten, zitiert nach: Institut für Empirische Psychologie, a. a. O., S. 44.
28 Horizont 45 (1993), S. 57.
29 Baacke: Jugend und Jugendkulturen, S. 45 ff.
30 Jugendwerk der Deutschen Shell, a. a. O., S. 29.
31 Ebd.

II. Die Ästhetik der Jugendkultur

1 Wirtschaftswoche 20 (1994), S. 12.
2 Prinz 4 (1994), S. 106.
3 Baacke, a. a. O., S. 99.
4 Bonfadelli u. a.: Jugend und Medien, S. 132.
5 Ebd., S. 136.
6 Lukesch: Jugendmedienstudie, S. 62.
7 Ergebnisse der Kinder-Verbraucheranalyse (Kids-VA 94), zitiert nach Horizont 35 (1994), S. 2.
8 Opaschowski: Arbeit, Freizeit, Lebenssinn?, S. 149.
9 Die übrigen Anteile: Frank Otto (19,8 %) und VIVA Medien GmbH (1 %).
10 Persönliches Gespräch, 15. 2. 1994.
11 Persönliches Gespräch.
12 Lukesch, a. a. O., S. 186 ff.
13 Quelle: ivw.
14 Horizont 4 (1994), S. 47.
15 Ebd.
16 Prinz 1 (1994), S. 40 f.
17 Verlagsgruppe Jürg Marquard: Jugendtrend, O.S.
18 Verlagsgruppe Bauer: Zielgruppe Jugend, S. 13.
19 Die Woche 7 (1994), S. 25.
20 Verlagsgruppe Bauer: Jugend-Marktreport, S. 53.
21 Jugendwerk der Deutschen Shell, Bd. 4, S. 127.
22 Lukesch, a. a. O., S. 55.
23 Ausführlich wird die Rolle der Popmusik für die jugendliche Sozialisation z. B. bei Zimmermann und Spengler: Rockmusik und Jugend, dargestellt.
24 Eggert, persönliches Gespräch, 11. 7. 94.
25 Ebd.
26 Diederichsen: Wer fürchtet sich vor dem ‚Cop Killer'?, in: Spiegel Spezial – Pop & Politik, S. 23 ff.
27 Musikmarkt 2 (1994), S. 94 ff.
28 Vinken, Mode nach der Mode, S. 59.

29 Jugendwerk der Deutschen Shell, a.a.O., Bd. 4, S. 159.
30 Ebd., S. 124.
31 Ebd.
32 Behnken u.a.: Schülerstudie '90, S. 143.
33 Ebd.
34 Ebd.
35 Spiegel 3 (1994), S. 137.
36 Stern 2 (1994), S. 54.
37 Sports 12 (1993), S. 114.
38 Persönliches Gespräch.
39 Die Angaben zu den Mitgliederzahlen der Vereine wurden den jeweiligen Statistischen Jahrbüchern entnommen.
40 Persönliches Gespräch, a.a.O.
41 Wie sich die Boards und die Technik im Laufe der Geschichte änderten, kann man nachlesen bei Steven Kane: Skateboard, S. 12 f.
42 Prinz Ruhrgebiet 8 (1994), S. 92.
43 Auskunft durch den Bund der Diskotheken und Tanzgaststätten, Bonn. Basiert auf der Umsatzsteuer-Statistik 1990.
44 Opaschowski: Freizeit 2001, S. 27.
45 Behnken u.a., a.a.O., S. 139.
46 Jugendwerk der Deutschen Shell, a.a.O., Bd. 4, S. 125.
47 Behnken u.a., a.a.O., S. 139.
48 Müller-Thurau: Lexikon der Jugendsprache, S. 12.
49 Ehmann: affengeil, S. 14.
50 Ebd.
51 Ebd., S. 15.
52 Ebd.
53 Hughes: Nachrichten aus dem Jammertal.
54 Ebd.
55 Jugendwerk der Deutschen Shell, a.a.O., Bd. 2, S. 288.
56 Media-Analyse 1994.
57 Jugendwerke der Deutschen Shell, a.a.O., Bd. 2, S. 288.
58 Power-Play 9 (1994), S. 32.
59 Body/Weibel (Hrsg.): Clip, Klapp, Bum, S. 242.
60 Ebd.
61 Blickpunkt Film 29 (1994), S. 9.

III. Der Wandel der Jugendkultur

1 Horx: Trendbuch, S. 13.
2 Ebd.
3 Musikwoche 25. 4. 1994, Beilage.
4 Wirtschaftswoche 27 (1994), S. 94.

5 Ebd., S. 97.
6 Postman, Das Technopol, S. 178.
7 Pressemitteilung B.A.T. Freizeit-Forschungsinstitut 1993.
8 B.A.T. Freizeit-Forschungsinstitut: Freizeit 2001, S. 50 ff.

IV. Reizüberfluß und neue Taktiken der Jugendkultur

1 w&v 23 (1994), S. 106.
2 Ebd.
3 Ebd.
4 Institut für Empirische Psychologie, a. a. O., S. 64.
5 w&v 26 (1994), S. 48.
6 Spiegel 46 (1993), S. 222.
7 Focus 20 (1994), S. 184.
8 Horx, a. a. O., S. 166 f.
9 Prinz 3 (1994), S. 26.
10 Melzer-Lena, persönliches Gespräch, a. a. O.
11 Fanzine Spy Dagblad Nr. 5, S. 6.
12 Spiegel 9 (1994), S. 71 f.
13 Baacke, a. a. O., S. 25 ff.
14 Farin, Seidel/Pielen: Krieg in den Städten, S. 96.
15 „future youth", O.S.
16 Horx, a. a. O., S. 168.
17 Thomas Meinecke vertritt in diesem Zusammenhang die interessante,
    aber gewagte These, daß der ironische Umfang der Punks die Nazisym-
    bole für die heutige rechtsradikale Jugend enttabuisiert hätte. Der ge-
    genwärtige Rechtsradikalismus sei in dieser Hinsicht ein legitimes Kind
    des 80er-Jahre-Zynismus der Jugendkultur. Meinecke: Neulich, als das
    Hakenkreuz keine Bedeutung hatte, in: Kursbuch, 113 (1993), S. 41–53.
18 Sports 1 (1994), S. 110.
19 Wiener-Umfrage bei 1083 deutschen Jugendlichen zwischen 16 und 30,
    Wiener 3 (1994), S. 41.
20 Horx, a. a. O., S. 91–97.
21 Ebd., S. 96 f.
22 Sloterdijk, Kritik der zynischen Vernunft, Bd. 1, S. 36.

V. Ausblick auf die Zukunft der Jugendkultur

1 „Warning" von der CD „Home Invasion" (WEA), 1993.
2 Spex 2 (1993), S. 64.
3 Spiegel 5 (1993), S. 160.
4 Spiegel 48 (1993), S. 109.

5 Auf den Richtungsstreit innerhalb der deutschen HipHop-Szene soll hier nicht näher eingegangen werden. Nur soviel: Die „Alte Schule", so benannt nach der ursprünglichen US-Szene, der „Old School", wehrt sich gegen die kommerzielle Ausschlachtung von HipHop, wie sie sie am erfolgreichsten von den Fantastischen Vier demonstriert wurde. Ihr Mega-Hit „Die Da" hat mit der ursprünglichen HipHop-Kultur so gut wie nichts mehr gemein – außer dem formalen Mittel des Sprechgesangs. Die „Deutsche Reimachse", ein loser Zusammenschluß poporientierter Bands, fordert dagegen, daß jeder Elemente des HipHop ganz individuell und auch kommerziell verwenden sollte.

6 Vgl. zur Geschichte des HipHop in Deutschland Jacob: Agit-Pop, S. 206–226.

7 Auszunehmen sind hier natürlich islamisch-fundamentalistische oder auch „Back To Africa"-Visionen, wie sie von verschiedenen US-Gruppen vertreten werden. Diese haben allerdings in den USA schwinden den Einfluß und sind – da anti-weiß und auf Afro-Amerikaner ausgerichtet – in Deutschland zu vernachlässigen.

8 Diederichsen: Freiheit macht arm, S. 53 f.

9 Spex 6 (1994), S. 72.

10 Ebd.

11 Wiener 6 (1992), S. 109.

12 Ebd., S. 110.

13 Pressepapier zur CD „Streetball Rap", 1993.

14 Zusammenfassung „Future Youth", 1993. Die komplette Studie ist leider nicht öffentlich zugänglich, da sie für die Kunden von ‚BBDO' erstellt wurde.

15 w&v 23 (1994).

16 w&v 27 (1994).

17 Horx, a. a. O., S. 110.

18 w&v Art/work 6 (Supplement) (1994).

2. Literatur

Baacke, Dieter: Jugend und Jugendkulturen. Darstellung und Deutung. Weinheim und München ²1993.

Behnken, Imbke u. a.: Schülerstudie '90. Jugendliche im Prozeß der Vereinigung. Weinheim und München 1991.

Bonfadelli, Hans u. a. (Hg.): Jugend und Medien. Eine Studie der ARD/ZDF-Medienkommission und der Bertelsmann-Stiftung. Frankfurt 1986.

Bódy, Veruschka und Peter Weibel (Hg.): Clip, Klapp, Bum. Von der visuellen Musik zum Musikvideo. Köln 1987.

Brauner, Josef und Bickmann, Roland: Die multimediale Gesellschaft. Frankfurt 1994.

Coupland, Douglas: Generation X. Geschichten für eine immer schneller werdende Kultur. Hamburg 1992.

Diederichsen, Diedrich: Freiheit macht arm. Das Leben nach Rock 'n' Roll. Köln 1993.
–: Wer fürchtet sich vor dem „Cop Killer"? Zehn Thesen zu Pop und Politik. In: Spiegel Spezial 2 (1994), S. 23–26.

Ehmann, Hermann: affengeil. Ein Lexikon der Jugendsprache. München 1992.

Farin, Klaus und Seidel-Pielen, Eberhard: Krieg in den Städten. Jugendgangs in Deutschland. Berlin 1991.
Ferchhoff, Wilfried: Jugendkulturen im 20. Jahrhundert. Frankfurt/Bern/New York/Paris 1990.

Horx, Matthias: Trendbuch 1. Der erste große deutsche Trendreport. Düsseldorf/Wien/New York/Moskau 1993.
Hughes, Robert: Nachrichten aus dem Jammertal. Wie sich die Amerikaner in political correctness verstrickt haben. München 1994.

IJF-Institut für Jugendforschung: Die Macht der Clique. Die „peer group" im Fokus des Jugendmarketing. München 1993.
Institut für Empirische Psychologie: Die selbstbewußte Jugend. Köln 1992.

Jacob, Günther: Agit-Pop. Schwarze Musik und weiße Hörer. Berlin 1993.
Jugendwerk der Deutschen Shell: Jugend '92. Lebenslagen, Orientierungen und Entwicklungsperspektiven im vereinigten Deutschland. 4 Bde. Opladen 1992.

Kane, Steven: Skateboard. Voll die Tricks. Stuttgart 1992.

Lukesch, Helmut: Jugendmedienstudie. Eine Multi-Medien-Untersuchung über Fernsehen, Video, Kino, Video- und Computerspiele sowie Printprodukte. Regensburg 1989.

Morshäuser, Bodo: Neulich, als das Hakenkreuz keine Bedeutung hatte. Der Achtzigerjahrespaß und der Ernst der Neunziger. In: Kursbuch 113 (1993), S. 41–53.
Müller-Thurau, Claus Peter: Lexikon der Jugendsprache. Düsseldorf 1985.

Opaschowski, Horst W.: Arbeit, Freizeit, Lebenssinn? Orientierung für eine Zukunft, die längst begonnen hat. Opladen 1983.

Parsons, Tony: Pop ist tot. In: Die Woche 7 (1994), S. 25.

Schulze, Gerhard: Die Erlebnisgesellschaft. Kultursoziologie der Gegenwart. Frankfurt 1992.

Spengler, Peter: Rockmusik und Jugend. Bedeutung und Funktion einer Musikkultur für die Identitätssuche im Jugendalter. Frankfurt 1987.

Sloterdijk, Peter: Kritik der zynischen Vernunft. 2 Bde. Frankfurt 1983.

Verlagsgruppe Bauer: Die Bedeutung der Akzeleration für das Jugendmarketing. München 1992.

–: Jugend-Marktreport. Die Jugend als Verbraucher in verschiedenen Märkten. Hamburg 1992.

Vinken, Barbara: Mode nach der Mode. Kleid und Geist am Ende des 20. Jahrhunderts. Frankfurt 1993.

Zimmermann, Peter: Rock'n'Roller, Beats und Punks. Rockgeschichte und Sozialisation. Essen 1984.

3. Abbildungsverzeichnis

Buchanzeigen

Eike Schönfeld

alles easy

Ein Wörterbuch
des Neudeutschen

Beck'scheReihe

1995. 175 Seiten. Paperback.
Beck'sche Reihe Band 1126

Hermann Ehmann

affengeil

Ein Lexikon der Jugendsprache

Beck'sche Reihe

"… echt voll astrein und einfach tierisch."
Süddeutsche Zeitung

3., durchgesehene Auflage. 1994. 156 Seiten. Paperback.
Beck'sche Reihe Band 478